Lina Ramann

Franz Liszt als Psalmensänger und die früheren Meister

Zu einer musikalischen Psalmenkunde - Mit Notenbeispielen

Lina Ramann

Franz Liszt als Psalmensänger und die früheren Meister
Zu einer musikalischen Psalmenkunde - Mit Notenbeispielen

ISBN/EAN: 9783744605830

Hergestellt in Europa, USA, Kanada, Australien, Japan

Cover: Foto ©Thomas Meinert / pixelio.de

Weitere Bücher finden Sie auf **www.hansebooks.com**

Franz Liszt als Psalmensänger.

Franz Liszt als Psalmensänger

und die früheren Meister.

Zu einer musikalischen Psalmenkunde.

Mit Notenbeispielen.

Von

L. Ramann.

Leipzig.

Druck und Verlag von Breitkopf und Härtel.

1886.

Ihrer Durchlaucht

der

Frau Fürstin Carolyne Wittgenstein

geb. Iwanowska

in Dankbarkeit und Verehrung zugeeignet

von der

Verfasserin

Inhalt.

Unter allen religiösen Poesien der vorchristlichen Vergangenheit besitzen wir keine, die sich mit dem Liederbuche des israelitischen Gottesdienstes, mit den Psalmen, vergleichen ließen, keine, die so die Zeiten überdauert haben, wie sie, keine, die so mit ihnen fortleben, ja so mit den innersten und heiligsten Gefühlen des Menschen verwachsen blieben, daß sie mit jedem neuen Tag neu mit ihm erstehen, um ihre Kraft ungebrochen an Tausenden und aber Tausenden ohne Unterschied der Konfession, der Person und der Bildung zu bewähren. Keine äußere Kultur, keine zersetzende Denkgewalt konnte diese Unmittelbarkeit ihnen rauben oder auch nur stören. Von ihnen läßt sich behaupten: sie durchwandelten die Jahrtausende mit dem Allerheiligsten der Menschheit.

In dieser ungebrochenen Kraft ihrer Unmittelbarkeit liegt das Element, das sie von allen ihnen verwandten Dichtungen der vorchristlichen Zeiten unterscheidet. Aber sie stellt uns sogar einem Volke, dem in der Kulturgeschichte der Nationen keine Aufgabe künstlerischen Schaffens zuertheilt zu sein scheint, einen Sieg über das künstlerischeste der Völker — die alten Griechen — bereitet hat. Denn so tief und eng auch die griechische Kunst ihre Schönheitsfäden mit dem Leben der Nationen verwob, die von dem Geist der Geschichte zu Trägern der fortschreitenden Kultur und der christlichen Ideale auserkoren waren, konnte sie doch nicht so wie die Psalmen der Hebräer in die Tiefen des religiösen Gemüthes dringen, um diesem zu breiten Schwingen zu werden, deren hoher Flug es über irdische Wesen hinaus in Sphären trägt, wo die tiefsten Klage- und

Jubellaute, Hülfe und Trost begehrend, Gott suchend, ihn lobpreisend, ihm lobsingend, sich von der Seele lösten. Beide, die griechische Kunst und die hebräische Gottespoesie, die Psalmen, traten ein in die christliche Kirche. In ebenso weiser Schonung wie edler Erkenntnis entnahmen diese die Bausteine ihres Tempels dem Gebiete der Poesie und der Kunst früherer Zeit und verkörperte hiemit gleichsam in ihrem äußeren Aufbau das Wort: nicht aufzulösen, sondern zu erfüllen.

Während aber die griechische Kunst in Architektur und Skulptur der christlichen Tempelwandung und deren Schmuck die Wurzel gab, traten die Psalmen, wie dereinst vor die Bundeslade, so jetzt an den Hochaltar selbst. Von nun an mit zu dem vornehmsten Theil der liturgischen Gebete und Gesänge der Christenwelt gehörend, beschworen sie von hier den Gott des Trostes, der Hülfe und der Liebe herab in die Herzen der Gemeinde.

Allerdings übte diese Stellung der hebräischen Gottespoesie keine eingreifende und bestimmende Rückwirkung — wenigstens nicht sichtbar — auf unsere Kunst aus, wie die griechische Kunst oder auch nur einer ihrer Zweige sie ausgeübt hat. Sie konnte die plastische Phantasie nicht befruchten, der Malerei könnte eher nur wenige Stoffe zuführen und keiner Thätigkeit der Dichtkunst, weder der epischen noch der dramatischen, Motive zu deren vielgestaltigen Schöpfungen entgegen bringen oder auch ihnen die Richtung geben. Wer aber möchte behaupten wollen, daß sie darum an den monumentalen und Dicht-Werken unserer christlichen Kunst keinen Antheil gehabt hätte, sei es auch zunächst nur in der innern Erhebung, die der dithyrambische Schwung ihres Gottvertrauens dem Arm des Bildhauers, der Palette des Malers, dem Griffel des Dichters und Denkers verlieh und ihnen durch das Unbezwingliche ihres Wortes eine erhöhte Kraft einflößte? Dringt es nicht, heute wie ehemals, gerade den Künstler und Dichter bei dem ewigen Widerstreit der innern Gewalten, der Zerrissenheit, welche das Wissen in sein Gemüth geschleudert, dem ewigen Kampf seiner Hochbilder mit der niedrigen Wirklichkeit zu solchem kraftvollen Worte, das der Seele den Sinn des Hohen und Wahren wie in unmittelbarster Greifbarkeit vor Augen stellt und sie mit göttlicher Gewalt dem Kreis des Zagens entreißt? Braucht nicht er vor allen Andern das frohlockende Lobpreisen, das schaffend den Schöpfer erkennt und sich ihm zum Schemel seiner Füße, d. i. zum Träger seines Geistes, macht und in diesem Bereich sowohl sich selbst, als auch die Hoheit und Würde seiner Aufgabe findet?

Der schaffende Künstler, vor allem das Genie, hat zu allen Zeiten die Lyrik des Aufschwungs, den Hymnus, in sich getragen. Ebenso, und als Folge hievon, wohnt allen Künsten das hymnische Element inne, wenn auch nicht alle berufen sind, dasselbe bis zur Form des Gotteshymnus, wie er in den alttestamentarischen Psalmen seinen höchsten Ausdruck in der verständlichsten aller Sprachen, im Wort, gefunden hat, vorzuführen. Als Element lebt er in jeder und vorwiegend in der religiösen Kunst des christlichen Mittelalters, in welcher Intellekt und Phantasie noch kindlich gebunden erscheinen und das innere Leben des Künstlers noch eng im Zusammenhang mit der Religion stand, eigentlich ihr Ausfluß war und aus ihr seine Begeisterung schöpfte — in jener Zeit, als noch nicht, wie später, Wissen und Forschen zersetzend auf dieselbe eingewirkt hatten. Da scheint es oft angesichts der Skulpturen und frommen Bilder, als sähe man mit den Augen das Hinaufringen des menschlichen Gemütes zu dem Throne des Schöpfers, als fühle man das Ausspannen der Seelenflügel zu dem Jehovah Israels. Viele Bilder und Bildwerke des Mittelalters, welche die göttliche Dreieinigkeit darstellen, Gott auf dem Thron, umgeben von seinen beflügelten Heerscharen, den Welterheiland im Schoße, darunter die Erde als Teppich des Höchsten, erscheinen als eine Verkörperung der Psalmen, denen das christliche Element eingeschoben ist, aber so, daß es ihnen eine vertiefte und erweiterte Deutung giebt: den Hymnus auf das Heil und die Erlösungsthat — der Jehovah Israels ist zum Jehovah der Welten geworden.

Drängen sich uns derartige Wahrnehmungen auch mehr durch das vergleichende Gefühl auf, als daß sie den Blicken greifbar entgegen treten, wie die Einwirkung der griechischen Kunst auf die Gestaltung der christlichen, so sieht sie doch da unser religiöses Gefühl, hält sie fest, während dieses selbe Gefühl der griechischen Schönheitsideale gar nicht gedenkt, sie wohl auch gar nicht vermißt und vielleicht dem Wesen nach — in Beziehung auf die Psalmen — sich gar nicht mit ihr verbinden kann. Das menschliche Gefühl ringt im Psalter über Elend, Gebrochenheit und Wirrnisse hinauf zu dem in ferner Höhe thronenden Schöpfer, es schreit auf nach ihm und jauchzt nach ihm — Elemente, so innerlich und zugleich so persönlich, daß die nach außen strebende und außerpersönliche Linie jener ihm nicht folgen kann und die altchristliche Kunst in Sinn und Farbe ihn nur als hymnisches Element in sich hineinziehen konnte.

Anders aber war es mit einer Kunst, welche dem Gefühle selbst zum Ausdruck diente und Elemente in sich barg, dem religiösen Hymnus so verwandt, daß in der That diese beiden, soweit die geschichtliche Kunde zurückreicht, auf das engste mit einander verbunden auftraten. Der den Göttern geweihte Kultus der Griechen, wie der im Jehovahdienst stehende der Juden verband mit dem Hymnus — dem Psalm — Musik. Beide, sie und der Hymnus, haben einen Herd, eine Flamme: den Aufschwung des Gefühls, den Götter-, den Gotteskultus.

Es erscheint darum nur naturgemäß, daß die christliche Kirche, als sie ihren Kultus ordnete, beide Elemente vereinigt mit diesem vernahm und mit ihm zu gestalten suchte. Sie griff zu dem scharf gegliederten Tonmaterial der Griechen und entnahm diesem die Tonreihen — tonoi —, welche sie mit den Hymnen verband. Bei den Griechen waren die Tonarten begleitende Stimmungsfarben und bildeten eine Art Tonsymbolik, die in sich selbst verharrte ohne Bedürfniß nach Harmonie, ohne anderes zu erstreben, als monodisch-rhythmische Begleitung der Deklamation des Dramas und der Hymne zu sein.

Diesen Charakter nahm auch die älteste Form der frühesten christlichen Kultusgesänge in sich auf. Theils von dem Bischof Ambrosius, theils von Gregor dem Großen geordnet, waren sie einfache (cantus planus) Sprechgesänge, Priester und Chor verbindend. In gleichen Zeitlängen, ohne Taktabtheilung, eintönig, schloß sich die Musik den Textsilben in einem Zug von Anfang bis zu Ende an. Dem Ausdruck des Gefühls gab sie jedoch bei gehobenen Textstellen durch höhere oder tiefere Intervallenschritte auf der betreffenden Tonleiter nach. In den Hebungen und Senkungen des Tones, die zu ausdrucksvollen Wendungen des syllabischen Flusses sich krystallisirten, schuf sich in idealer Einfachheit die christliche Innigkeit ihren ersten musikalischen Ausdruck. Durch die Wahl der Tonart, die Lage der Tonreihe erhielt dieser gleichsam Charakter und Färbung, wie das bei der griechischen Musik der Fall war, während in den melodischen Hebungen und Senkungen das christliche Element sich seine Bahn brach.

So entstanden jene kirchlichen Typen der liturgischen Gesänge, wie sie noch bis zur Stunde diesen einverleibt sind und bei der kirchlichen Psalmodie der katholischen und der englischen Hochkirche (English high church) in den Anfängen (Initium), Mittel- und Schlußstellungen (Mediatio und Finalis) ihre Anwendung finden, wie z. B.

Bei den Psalmodien des katholischen Kultus sind noch jetzt acht verschiedene Toni Psalmorum, in Übereinstimmung mit den acht Kirchentonarten, beibehalten. Ihre jemalige Wahl wird nach der Kirchentonart bestimmt, in welcher die Antiphon des Kantors steht *).

Die Aufnahme des hellenischen Tonmaterials war nicht ohne Folge für die Weiterentwicklung des musikalisch-hymnischen Theils der kirchlichen Tonkunst. Hatte sich ferner auch das christliche Gemüth bemächtigt und das Tonsymbolische desselben aufgelöst in die unendlichen Tiefen seiner Innerlichkeit, so blieb doch ein Theil seines ursprünglichen Charakters unlöslich in ihm und wurde zur wesentlichen Bindung (die Kirchentonarten) der christlichen Gefühlsentfaltung und ihrem ersten vollendeten Ausdruck durch die Musik als Kunst. Für ihre Form wurde jenes bestimmend. Aus den Tonreihen kombinirten sich Tonreihen, die sich kunstvoll mit einander verbanden und in Wechselbeziehung zu einander traten. Wie auf dem Gebiete der Dichtkunst — der Alten wie der Neueren — im massenumschlingenden Epos nothwendig die Polymythie als die Erweiterung Einer Handlung im Zusammenwirken der Massen

*) Siehe Gebet- und Gesangbuch für das Erzbisthum Bamberg 1861 „Bemerkungen über die kirchliche Psalmodie" Seite 295.

in diese hervorgeht, so resultirt auf musikalischem Gebiet aus den typischen Tonreihen der Kirchentonarten die Polyphonie. Die einfache Melodie wird zur Melodienharmonie — es entsteht der Kontrapunkt. Und wie die epische Poesie, ihren Helden in der Mitte die Bewegung der Massen mit sich führt, so treibt die Polyphonie, die epische Tonkunst, ebenfalls um ihren Helden — den dux der Fuge — als treibenden Mittelpunkt sich schaarend, zu Massengefühlen im Kanon, in der Fuge. Im Epos ist der ganze innere Proceß ein Bestimmtsein — „im Epos trägt die Welt den Helden, im Drama trägt ein Atlas die Welt", schreibt Jean Paul es aus. Ähnliches gilt auch gegenüber der epischen Tonkunst. Nach religiös-hymnischer Seite ist der innere Proceß durch das Massengefühl der religiösen Welt einer Zeit bestimmt während der Epoche des Kirchenmusikstyles durch die biblisch gestimmte Phantasie, also „biblisch-gebunden", der äußere Proceß aber, die Form, gebunden durch den typischen Charakter der Kirchentonarten.

Sie gaben in Verbindung mit dem großen inhaltlichen Hintergrund den Werken der kirchlichen Tonkunst das Gepräge des Geschlossenen, des Hohen, des von außen Kommenden, des Objektiven, wie es sich in den Werken eines Palestrina wie eines Bach und Händel einen Ausdruck in höchster Vollendung geschaffen hat. Der musikalisch-hymnische Aufschwung des christlichen Gemüthes findet in ihnen seinen ersten historischen Abschluß. Es ist nur logisch, daß die erste große Kunstblüthe christlicher, sich aus dem Hymnus entwickelnder Musik der kirchlichen Tonkunst angehört.

Das christliche Gemüth aber mit seiner ganzen Peripherie von Gefühlsbestrebungen, die ebenso sehr kraftvoll in die inneren Tiefen treiben, hier sich versenken, als auch schwebend alle Höhen durchziehen, um in reiner Geistigkeit zu verhauchen, konnte erst dann seinen vollen Ausdruck in der christlichen Tonkunst finden, als diese frei von innerer und äußerer Bindung neben dem vorhandenen Material sich ihr eigenes in der modulationsfähigen modernen Diatonik (Dur und Moll), in der Chromatik und Enharmonik errungen hatte.

War in der oben beschriebenen Weise der hebräische Psalm dem liturgischen Theil des christlichen Kultus organisch einverleibt, so entwickelte er sich auf dieser Grundlage, theils in engster Verbindung mit dem Gottesdienst, theils dem musikalisch-schaffenden Kunsttrieb als solchem folgend, weiter. Die kirchliche Tonkunst nahm ihn auf in den Kreis ihrer Stoffe. Auf ihrem historischen Vertiefungs- und Erweiterungsgang begleitete er sie und resonirte bald tiefer bald höher gestimmt, dazwischen schweigend, dann wieder um so energischer in die Harfe greifend, die religiösen Bedürfnisse der Zeiten und der Nationen.

Mit dem Weiterschreiten der Tonkunst und ihrer Mittel steht in engster Verbindung die Erfassung des Psalmtextes. Anfangs kommt er nur in seinem allgemeinen Gefühlsinhalt — Massengefühle — zum Ausdruck, der typische Charakter des Tonmaterials und -Systems steht hier noch zwischen ihm, d. i. zwischen der individuellen Unmittelbarkeit seines Wesens und der Unmittelbarkeit seiner musikalischen Wiedergabe. Dann aber, als die Darstellungsmittel immer reicher und fähiger wurden den inneren Erregungen und Gefühlen unmittelbar zu folgen und ihnen zu einer unmittelbaren Sprache zu werden, unmittelbar wie der Seufzer der Seele, der Aufschrei der Noth, der Aufblick zu Gott, das flehende Wort, kamen auch die einzelnen Seiten und die Besonderheiten des Textes mehr und mehr zur musikalischen Erfassung, mehr und mehr trat er in das individuelle Tongemälde, um ihm, eine zweite Psalm-Dichtung, neu zu entsteigen.

Unter den Tonmeistern der verschiedenen Musikepochen treten uns zunächst die germanischen Meister Bach und Händel als Psalmisten entgegen. Allerdings, durchblättert man den Katalog der bis jetzt veröffentlichten Werke Joh. Seb. Bachs, so hat es etwas Überraschendes nur einen Psalm, den 117., als solchen verzeichnet zu finden. Man fragt sich, wie es möglich sei, daß Bach, der Bibelbewanderte, bei der beispiellosen Menge von Chorwerken, die er der Kirche bestimmte, nicht mehr der Psalmen bearbeitet habe, namentlich da dieselben ihrem Wesen nach so recht der musikalische Urtext religiöser Erhebung und religiösen Aufschwunges sind. Bei Durchsicht seiner Kirchen-Kantaten*), die nach ihren Textanfängen katalogisirt sind, finden sich jedoch folgende Psalmenanfänge vor.

Kantate 69. „Lobe den Herrn, meine Seele" (102. Psalm)
„ 76 „Die Himmel erzählen die Ehre Gottes" (19. Psalm).
„ 131 „Aus der Tiefe rufe ich, Herr, zu dir" (130. Psalm).
„ 136 „Erforsche mich, Gott" (139. Psalm) und andere

*) Von der Bach-Gesellschaft (b. Breitkopf und Härtel) wurde bis 18[illegible] die enorme Anzahl von 1[illegible]0 Kirchen-Kantaten gedruckt.

Unter diesen Kantaten befinden sich wieder mehrere, wie die 69 und 136 Kantate, welche trotz ihres Psalmtextes nicht als Psalmenkompositionen betrachtet werden können. Bach hat z. B. die 69 Kantate „Lobe den Herrn meine Seele" mit einem Psalmenspruch begonnen — Fuge für vierstimmigen Chor mit Orchester, letzteres bestehend aus 3 Trompeten, 1 Timpani, 3 Oboen, 1 Fagott, 2 Violinen, 1 Viola und den Continuo (Orgel) —, dem alsdann Kirchenlieder (Recitative und Arien) und ein Choral als Schluß folgen. Der Text lautet:

Chor. Psalm 103, 2 V. Lobe den Herrn, meine Seele, und vergiß nicht, was er dir Gutes gethan hat!

Recitativo (Soprano, Fagotto e Continuo.)

Wie groß ist Gottes Güte doch!
Er bracht uns an das Licht
Und er erhält uns noch!
Wo findet man nur eine Kreatur,
Der es an Unterhalt gebricht?
Betrachte doch, mein Geist,
Der Allmacht unverdeckte Spur,
Die auch im Kleinen sich recht groß erweist.
Ach! Möcht es mir, o Höchster, doch gelingen
Ein würdig Danklied Dir zu bringen!
Doch sollt es mir hierbei an Kräften fehlen
So will ich doch, Herr, Deinen Ruhm erzählen

Aria (Fuge. Alto, Oboe, 1 Viol. Fag. e Cont.)

Meine Seele, auf! erzähle,
Was Dir Gott erwiesen hat
Rühme seine Wunderthat,
Laß dem Höchsten zu gefallen
Ihm ein frohes Danklied schallen

Recitativo (Tenor, 2 Viol. Viola, Fag. Cont.)

Der Herr hat große Ding an uns gethan
Denn er versorget und erhält,
Beschützet und regiert die Welt
Er thut mehr als man sagen kann
Jedoch nur eines zu gedenken
Was kann uns Gott wohl Bess'res schenken
Als daß er unsrer Obrigkeit
Den Geist der Weisheit giebet
Die denn zu jeder Zeit
Das Böse straft, das Gute liebet
Ja die bei Tag und Nacht
Vor unsre Wohlfahrt wacht?
Laßt uns dafür den Höchsten preisen
Auf! ruft ihn an

Daß er sich auch noch fernerhin
So gnädig woll erweisen
Was uns am Lande schaden kann
Wirst du o Höchster von uns wenden
Und uns erwünschte Hülfe senden
Ja, ja Du wirst in Kreuz und Nöthen
Uns züchtigen, jedoch nicht tödten

Arie (Basso, Oboe d'am. 2 Viol., Viola, Fag. e Cont.)

Mein Erlöser und Erhalter
Nimm mich stets in Hut und Wacht!
Steh mir bei in Kreuz und Leiden
Alsdann singt mein Mund mit Freuden
Gott hat Alles wohl gemacht

Choral (Mel. „Es woll uns Gott genädig sein") Chor (siebenstimmig, 3 Tromb. etc. wie anfangs!)

Es danke Gott und lobe dich
Das Volk in guten Thaten
Das Land bringt Frucht und bessert sich,
Dein Wort ist wohl gerathen
Uns segne Vater und der Sohn
Uns segne Gott der heilige Geist
Dem alle Welt die Ehre thu,
Vor ihm sich fürchte allermeist
Und spricht von Herzen Amen!

Der Psalmenspruch am Anfang der Kantate bildet den Eingang zum musikalischen Gottesdienst, das Thema, über welches die folgenden Solosätze gleichsam predigen, worauf die Gemeinde mit Choral ihn abschließt — ein idealer Gottesdienst, der sich bei den Kantaten Bach's vielfach verfolgen läßt und seinen Grund in seinem auf protestantischem Gebiet einzig dastehenden und doch einzig hoch- und naturgemäßen Bestreben findet, in der Praxis Predigt und Musik auf das innigste zu verbinden. Die Kantate „Lobe den Herrn, meine Seele" ist für den zwölften Sonntag nach Trinitatis, „Dominica 12 post Trinitatis", wie auf dem Titel bemerkt ist, komponirt. Ein großer Theil der Kirchenmusiken Bachs sind, dieses Ziel verfolgend, Gelegenheitsmusiken, was sie unserer Zeit gegenüber, wenn überhaupt, weniger beeinträchtigt als ihre Kirchenliedertexte.

Ähnlich wie die Kantate „Lobe den Herrn, meine Seele", ist auch die Kantate Nr. 136 „Erforsche mich, Gott" mit Psalmensprüchen eingeleitet. Somit bleiben nur einige komponirte Psalmen als solche übrig. Ihre Texte bilden eine verschwindend kleine Anzahl gegenüber den andern Texten seiner Kirchen-Kantaten, die im Zu-

Zusammenhang mit der pietistisch-religiösen Richtung seiner Zeit in ihrer Mehrheit dem Jesus-Kultus zugewandt sind. Hier tritt der persönliche, unmittelbare Verkehr des Individuums mit Gott mehr in den Hintergrund, dagegen das Mittleramt in den Vordergrund. Auch die Wahl der Psalmen bewegt sich, mit Ausnahme des Bußpsalms „Aus der Tiefe ruf' ich, Herr, zu Dir“, nicht gleich den Davidischen Psalmen auf dem subjektiven Boden des Individuums, sondern als allgemeine Lobgesänge mehr auf dem der Masse. Das ist charakteristisch für jene Zeit, auch für Bachs musikalische Behandlung der Psalmen, die hierdurch mit dem Urtext selbst in einen Widerspruch steht.

Die künstlerische Form dieser Psalmen-Kantaten ist ganz an ihre historische Entwickelungszeit gebunden. Auf diatonischer, überwiegend auf Grundlage der alten Kirchentonarten, im Stil und in den Formen des Kontrapunktes, zumal und zugleich, von der Orgelstimme getragen, baut sie die Chöre auf, deren Architektur immer dieselbe bleibt, was sogar bei Sätzen der Fall ist, die aus Gründen musikalischer Wirkung — nicht aus Gründen textlicher Bestimmung — dem Einzelgesang als Solo, als Duett, Terzett oder Quartett weichen.

Das Wort in seiner Bedeutung, seinem Charakter, seiner innerlichen Stimmung kommt bei diesen Formen nicht zu seinem Rechte. Es unterliegt dem formellen Streben nach kunstvoller und tiefsinniger Stimmenverwebung, deren figuratives Verlangen nur zu oft über das Wort dahin flutet und dieses in seinem eigentlichsten Wesen zerstückt und zerreißt. Der Andachtsstimmung unserer Zeit wäre es unmöglich sich in einer textlichen Behandlung, wie beispielsweise in dem Fugenthema des 117. Psalms zum Ausdruck zu bringen.

Ebenso unmöglich wäre es ihr, das Wort als solches so rein instrumental zu behandeln.

Bei alle dem liegt in der geschlossenen Form, in der unbeugsamen Einheit, in der sie alle Einzeltheile — Chor, Solostimmen und Begleitung, bestehe diese aus nur einer Orgelstimme oder aus mehreren Instrumenten — zusammenfaßt, eine auf die Religion gerichtete Willensstärke, innige Andacht und ein feierlicher Ernst, deren Wirkung sich ungeschwächt forterhalten hat, ja als musikalischer Wille noch fühlbarer ist als damals, wo die strenge formelle Einheit noch nicht ihren Gegensatz in der individuellen und idealen Vielheit der Form gefunden hatte. Die inhaltliche Stimmung ist eine Gesammtstimmung und als solche oft von staunenswerther Charakteristik, aber keine, die sich zu bestimmten Gefühlen verdichtet oder auch auseinanderlegt. Auch ihre heutige Wirkung ist keine, die aus der lebendigen Wechselbeziehung zwischen der Tonkunst und unserer Zeit mit ihren religiösen Bedürfnissen hervorgeht, trotzdem aber wird sie eine Kraft bleiben, ähnlich wie die geschlossene Form des kirchlich-dogmatischen Kanons, dessen künstlerische, von der Tiefe und dem Ernst der christlichen Religion gesättigte Architektur bis in alle Ewigkeit eine Macht bleiben wird, auch wenn ihre Form sich außerhalb der lebendigen Wechselbeziehung mit den Bedürfnissen der Zeiten gestellt hat. Beide Formen sind Wunderbauten des menschlichen Genius, wobei die musikalische eine Verkörperung der kirchlichen Form ist.

Im Bußpsalm CXXX tritt Bach dem Inhalt der von ihm komponirten Psalmentexte am nächsten. Daher ist er durch die vokale Figuration weniger zerrissen und dadurch in seiner Wirkung prägnanter. Und bei Stellen, wo Bach seiner Zeit den textlichen Tribut entrichtet, läßt die charakteristische Tonmalerei des Gefühls die sprachliche Störung vergessen, wie z. B. bei folgenden Takten

In solchen Stellen findet auch jene Seite der Psalmen, die musikalisch zu entfalten weder in dem Charakter noch in der Aufgabe der Polyphonie lag, einen ersten Ausdruck. Obwohl noch gebunden an die epische Form, treibt dennoch die in ihren innersten Tiefen erregte Seelenkraft zur Äußerung ihrer selbst. Die Sing- und Instrumentalstimmen haben gleichsam in kurzen seufzerähnlichen Athemzügen, die sie sich gegenseitig vom Munde abnehmen, Theil an dieser Äußerung, um alsdann gemeinsam das Wort „Flehen" zu beenden.

Noch ein anderes Moment überrascht bei dieser Komposition. Es ist rein ideeller, um nicht zu sagen, philosophischer Natur. Der erste Chor führt, ohne die Baßbewegung des Fundaments zu unterbrechen, ein Baß-Solo über „So Du willst, Herr, Sünde zurechnen". Bei der dritten Wiederholung dieser Worte tritt, diesen Text durchflechtend, der Sopran hinzu, indem er zu der Choral-Melodie „Herr Jesu Christ, du höchstes Gut" das Lied singt: „Erbarm' Dich mein".

Beide Texte, der eine alttestamentarische tiefe Zerknirschung athmend, und der andere, ein Hinweis auf den neutestamentarischen Heilsweg, gehen nebeneinander bis zu dem Psalmtext „Ich harre des Herrn", wo Sing- und Instrumentalstimmen wieder einheitlich den Psalm fortsetzen, um dann abermals zweiteilig (Alt und Tenor) aufzutreten:

Psalm

Meine Seele wartet auf den Herrn
von einer Morgenwache bis zu der
andern ꝛc.

Melodie „Herr Jesu Christ"

Und weil ich denn in meinem Sinn
Wie ich zuvor geklaget
Auch ein betrübter Sünder bin
Den sein Gewissen naget
Und wollte gern im Blute dein
Von Sünden abgewaschen sein

Neben der Urkraft des Psalms wirkt der pietistische Text des Kirchenliedes schwächlich, um nicht zu sagen weinerlich. Wer das thut nichts zur Sache. Hier kann nur die Idee selbst gelten. Bach hat mit der höchsten Inspiration des Genies einen Weg gezeigt, auf dem die Musik die von ihr darzustellenden Gefühle zu Ideen verführen und erweitern kann — einen Weg, den die Tonmeister unseres Jahrhunderts mit Bewußtsein betreten haben, um das, was der kirchliche Altmeister vokal andeutete, instrumental, Kirche und Welt umfassend, zu einem neuen Zweig der Tonkunst zu entwickeln. In solchen Momenten Bachs liegt ein prophetischer Hinweis auf unser modernes Leitmotiv, welches von Liszt und Wagner, von dem ersteren als geschichtliches (siehe die Verarbeitung der vier historischen Motive im Oratorium „die h. Elisabeth", der altkirchlichen Osterhymne im Oratorium „Christus", das Andante des großen B-dur-Trios von Beethoven in der Beethoven-Kantate u. v. a.) und von dem zweitgenannten Meister als dramatisches Leitmotiv entwickelt wurde.

Den Psalmen Bachs geistig- und formverwandt zeigen sich die des anderen großen Tonheroen jener Zeit, die Psalmen Georg Friedrich Händel's. Hier sind dieselben Ausgangspunkte, dieselben Grundlagen — in Folge dessen dieselbe Formgebundenheit der Lyrik als freier Sprache des Individuums, dieselben Einseitigkeiten, dieselben Vorzüge.

Wie bei Bach treten bei Händel formelle Textbehandlungen auf, die aller Andacht entgegen stehen, wie z. B. folgende Stelle aus dem Andante*) 'Terzett' des 100. Psalms, des Jubilate zur Feier des Utrechter Friedens (1714).

* Die Psalmenausgabe der Händel-Gesellschaft differirt wesentlich gegen die früher gebrauchte Partitur des 100 Psalms, herausgegeben von Breitkopf und Härtel.

Part. Seite 25

Obwohl auch bei Händel der Text vielfach dem figurativen Formentrieb seiner Zeit zum Opfer fällt, so ist er doch viel mehr gewahrt, die Worte und Wortsilben sind weniger zerrissen als bei seinen Zeitgenossen. Händels Welt- und Opernschule hielten ihn zurück vor dem Verfallen des Meisters in die figurative Gefühlsmalerei. Er bleibt immer eben. Seine Figurationen ist rein formell. Innigkeit lag ihm ferner. Dagegen hat er anderes: Größe des Gefühls und Weite des Gedankens. Sein thatkräftiger und heroischer Sinn greift in das Leben und trägt es auf die Bühne — auf die Bühne der Welt und der Kirche. Die epische Oper hat in Händel ein Doppelleben als Oper und Oratorium geführt, dessen sterbliche Hülle, die Oper, von der Zeit dem Geschichtsarchiven überwiesen wurde, während das Oratorium, insbesondere der „Messias", als der bleibende Theil dieses Doppellebens noch in voller Kraft steht. Der Opernkomponist Händel kam dem Kirchenkomponisten zu Gute. Seine kirchlichen Werke haben von dort eine größere Einfachheit und Durchsichtigkeit bei größerer Mannigfaltigkeit. Einfache Harmonien treten als Akkord zur Polyphonie und verschärfen, indem sie diese beschränken, die Plastik, sowie den Kontrast der Form und des Ausdrucks. In Händel vereinigen sich die gesammten künstlerischen Tonmittel jener Zeit zu einer ersten universellen Gestaltung.

Als Händel als Psalmenkomponist auftrat, stand er noch, es läßt sich sagen, mit beiden Füßen auf dem Boden der damals von Italien beherrschten Oper. Das macht sich auch bei seinen sechs sogenannten „Chandos-Psalmen"*) bemerkbar. Vieles erscheint hier

*) Sie wurden für die Kapelle des Herzogs James Chandos gesetzt (1716—1718).

als veraltet, namentlich durch das Überwiegen des Formell-Technischen; dieses haben sie mit dem Opernstyl Händel's gemein. Trotzdem aber enthalten sie Sätze und Stellen von ergreifender Kraft, religiösem Ernst und tiefer Wahrheit des Gefühls — Sätze, deren schmucklose Einfachheit bei aller Kunst der Form um so eindringlicher wirkt, als die Einfachheit der Natur des religiösen Gefühls näher steht als religiöse Stimmungen, die in ein Labyrinth von Tonlinien sich versenken oder auch vergraben. Beispiele sind das Duett des 42 Psalms (2. Version).

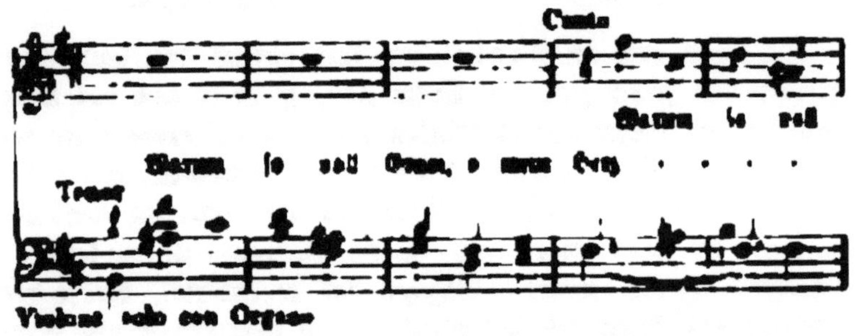

(Part. Seite 220.)

das Altsolo desselben Psalms (2. Version).

Part. Seite 231

Daß die Psalmen Händels, trotz ihrer vielen Sätze und Partien noch heute von ergreifendster Wirkung, überwiegend den Ausdruck veraltet zu sein machen, mag auch mit in dem Umstand liegen, daß sie nicht alle wie aus einem Guß komponiert erscheinen, wie z. B. sein 42. und sein 145. Psalm. Und in der That findet diese Vermuthung in dem Vorwort des von der D. Händel-Gesellschaft herausgegebenen Bandes der Chandos-Anthems ihre Bestätigung. Nach diesem ist ein beträchtlicher Theil der Chorsätze anderen Werken entnommen und den Mitteln der Chandos-Kapelle nur angepaßt, was sich auch auf die langen Vorspiele bezieht, die er im Style Corelli's, vor seiner Anthem-Zeit, als Instrumental-Sonaten für 2 Violinen, Violoncello und Continuo (Orgel oder Cembalo) komponiert hatte. Eine Ausnahme scheint der 42. Psalm „Wie der Hirsch schreit nach Wasser" zu machen. Hier ist alles, besonders die zweite Bearbeitung desselben (die Händel-Gesellschaft hat deren drei veröffentlicht), getragen vom Anfang bis zur Schlußnote von derselben großen Stimmung. Unter seinen Psalmen steht er obenan.

Die Wahl der Texte ist für Händel bezeichnend — Lobpsalmen (Ps. 100 „Frohlocket dem Herrn", Ps. 145 „Ich will Dich erhöhen, o Gott mein Herr", Ps. 96 „O singet unserm Gott ein neues Lied"), Klage- und Bußpsalmen (verschiedene Sprüche aus dem 9., 11., 12., 13. Psalm, Ps. 51 „Erbarme dich meiner, o Gott"), und der Trostpsalm Ps. 42 „Wie der Hirsch schreit nach Wasser". Alles das sind Texte von höchster Kraft und heroischem Gottgefühl. Wie Bach, erfaßt auch Händel ihren Gesammtinhalt, zugleich auch nach poetischer Seite. Folgende Tonmalerei steht unter den Psalmenkompositionen jener Zeit ziemlich vereinzelt da, ja dürfte ein Unicum sein: im 96. Psalm malt er bei dem Vers „Die Wog' in dem Meer braust schauerlich 2c.", das Brausen und Wogen eben so kühn als schön, wobei nur zu bedauern bleibt, daß ihm die instrumentalen Mittel und Effekte unserer Zeit nicht zu Gebote gestanden haben. Die Wogentype ist noch fast durchweg kontrapunktisch gebildet. Trotzdem bleibt dieses Stück ein Meisterwerk ächten Gepräges, in sich abgerundet und fest, ein Seitenstück zu jenen historischen Oelgemälden alter Meister, die ohne eine spätere Farbengewalt und ohne Luft und Perspektive auf ihrer Palette dennoch durch sich selbst ein Ahnenrecht auf jüngere ihnen verwandte Gebilde sich erworben haben.

Part. Seite 120

Die Malerei — Streichinstrumente und Orgel — begleitet den Gesang die ganze Nummer hindurch und tritt im Schlußchor „Alle Welt frohlocke" wieder auf bei den Worten „und das Meer braus' empor", mit dem Chor den Psalm zu beschließen — In diesem Moment der Tonmalerei ist Händel als Psalmist ein Vorgänger Mendelssohns —

Beide Meister, Bach und Händel, sind mit ihren kirchlichen Schöpfungen, folglich auch mit ihren Psalmen, noch gebunden an die Mittel und die Entwickelung der Musik ihrer Zeit. Unsere modernen Tonarten waren noch nicht von den Kirchentonarten gesondert, die Modulationen in Folge dessen beengt und beschränkt, desgleichen war das Akkordleben wenig entwickelt, die Chromatik und Enharmonik noch nicht in ihre Rechte eingesetzt, die Instrumentalmusik mit ihren mangelhaften Ausführungsmitteln, den Instrumenten, noch ohne Selbständigkeit an die Vokalmusik gebunden, die Formen selbst entbehrten noch der Durchsichtigkeit, der plastischen Abrundung und inneren Gliederung, dem Einzelgesang als Arie oder als Lied fehlte noch die Freiheit der Bewegung und endlich waren alle bis da in sich vollendeten Kunstformen in dem Princip der Polyphonie gedacht, gefühlt, geschaffen. So konnte wohl jener ernste große Styl der Kirchenmusik, welcher das subjektive und individuelle Leben in seiner ganzen Größe kirchlicher Gebundenheit zum Ausdruck bringt, zu seiner höchsten Entfaltung gelangen, die Lyrik des Gefühls aber in einer Sprache auszudrücken, die ihre Laute aus der Unmittelbarkeit der Empfindung schöpft und sich frei nach ihrem eigenen Wesen bewegt, das zu erreichen mußte einer Zeit vorbehalten bleiben, welche alle Mittel besaß, um das subjektive und individuelle Leben künstlerisch auszusprechen.

Diese Seite des alttestamentarischen Psalms auszudrücken blieb den beiden Meistern versagt. Das Systematisch- und Formell-Technische der polyphonen Formen stand der Unmittelbarkeit des Ausdrucks entgegen. Dagegen aber bannten sie in den Kreis dieser Formen den Aufschwung allgemeiner Andachtsstimmung mit einer Kraft, Innigkeit und Größe, welche mit ihren Mitteln keine Zeit wieder erreichen wird.

In Bach und Händel feiert der königliche Sänger des alten Bundes seine erste große künstlerische Auferstehung auf christlichem Boden. Ihre Psalmen sind Blüthen, den Tiefen des christlichen Gemüthes entsprossen, für alle Zeiten sprechende Denksäulen der geschichtlichen Stationen auf dem heiligen Kreuzweg, welchen das religiöse Gemüth, wie alles Geistige, zu durchwandern hat.

Die Meister der Musikepoche nach Bach und Händel fanden mit ihren Hauptwerken auf anderem Boden. Ihre Mission, das Inhaltsgebiet der Tonkunst zu erweitern, hatte ihren Fuß über die Schwelle der Kirche hinaus in die Welt im weiten und großen Sinn getragen. Oper und Symphonie, daneben die erste höhere Blüthe des Liedes (Schubert), waren ihre großen Ziele. Die Psalmen-Literatur der Musik ging während dieser ganzen Zeit ziemlich leer aus.

Haydn, im Anschluß an die katholische Kirche, komponirte seine heiteren Messen, keine Psalmen.

Von Mozart wurden ebenfalls nur specifisch katholische Kultustexte in Musik gesetzt. Mit Ausnahme des 129. Psalms (in der Lutherbibel der 130.), der diesen Texten eingereiht ist, besitzen wir keinen Psalm von ihm, und hier scheint die Komposition sich ganz der Liturgie anzupassen. Das De profundis clamavi ad te, Domine etc. in Harmonien gleichsam psallirend:

folgt Silbe um Silbe dem Text ohne jede musikalische Ausarbeitung und tiefere Erfassung. Das beigefügte Klavier ist weniger Begleitung als Übertragung der Chorstimmen.

Von Beethoven besitzen wir gleichfalls keinen Psalm.

Cherubini, der mit Glück neben der Oper das kirchliche Gebiet kultivirte, stand dem subjektiven Aufschwung des Psalms ferne. Aber nicht nur er mit den genannten Tonkünstlern, sondern jene ganze Zeitperiode, ja die Richtung unseres ganzen Jahrhunderts ist der Kirchenmusik als solcher, mit ihr dem Psalm, abgewandt. Viele Ursachen wirken dabei zusammen. Der Aufschwung des Gedankens, die zersetzende Forschung, die einer chemischen Analyse gleich das geschichtliche Gebäude in seine Bestandtheile zerlegt und eben so schonungslos wie unerbittlich ihr Scheidewasser in die Herzen und Nerven der Gemüther, selbst des Gottgläubigen, träufelt, die Entfesselung des Individuums, die Proklamation des Pessimismus — das alles hat das religiöse Bewußtsein, mit ihm das religiöse Gefühl, in den Hintergrund gedrängt und die gesammte Kirchenmusik als einen künstlerischen Ausdruck der allgemeinen Gemüthsrichtung und des Gemüthsbedürfnisses, brach gelegt. Eine ungläubige Zeit kann keine Glaubensmanifeste in Tönen erlassen. Keine Zeit aber kann die Brunnen der göttlichen Vernunft im Menschen und des tiefen Bedürfnisses nach Gott verschütten. Durch alle Jahrhunderte hindurch bleibt der menschliche Geist in dem einen sich treu: in dem Bedürfniß nach Erhebung über sich selbst und über das Elend der inneren und äußeren Unsicherheit. In dem Herzen unseres Jahrhunderts gährt und pocht dieses Bedürfniß trotz aller Decken, die darüber liegen, vielleicht mehr als in jedem andern.

Die gesammte Kunst — die Dichtkunst, die Malerei, die Musik — trägt in manchen ihrer Züge unverkennbar den Stempel desselben. Die weltliche wie die Kirchenmusik hat da und dort ihre Stimme in diesen Klängen erhoben und in bleibende Formen gebannt. Auch der Psalm hat seine Sänger gefunden. Ja, es ist sogar unverkennbar, daß unser Jahrhundert ihm näher getreten ist, als die frühere Zeit. Das gilt insbesondere von dem subjektiven Inhalt, von der Unmittelbarkeit des persönlichen Verkehrs zwischen dem Individuum und dem Höchsten. — Die Entwicklung der musikalischen Ausdrucksmittel durch die Klassiker und Romantiker der Tonkunst machte erst eine tiefere subjektive Erfassung nach der genannten Seite des Psalms möglich. Die kontrapunktischen Formen mit ihrer epischen Breite konnten den allgemein-hymnischen Theil der Lobpreisung Jehovahs seitens der Massen — der Gemeinde im Tempel —, sei es in prophetischem Aufzuge, sei es im Anruf, zum Ausdruck bringen. Jener andere Theil des religiösen Gefühls aber, der im Individuum als Einzelwesen lebt und waltet, der mit der Gottesfreundschaft als Untergrund, allem Mystischen fern und doch keine Mystik, der vertrauenden, hoffenden Seele wie Hingebung entfließt, oder im Aufschrei inneren Glaubens, im innersten Mark erschüttert, um Erhörung fleht und jubelt, konnte seine musikalischen Accente nicht eher finden, als bis der Tonkunst der epische Gürtel gelöst war und die subjektive Tonsprache sich ihre Mittel geschaffen hatte: das homophone Element, den Accord in seinen unerschöpflichen Ausdrucksfarben, die Melodie des Tones und der Sprache, die Chromatik und Enharmonik, das Orchester und die Farben der Instrumentation mit allen Übergangstönen, die das Zwielicht und das Licht der bewegten Seele malen. Dieser Mittel, den episch-kontrapunktischen entgegengesetzt, doch sie ergänzend, bedurfte die Musik, um den Psalm auch musikalisch in seiner Unmittelbarkeit erfassen und sich mit ihm identificiren zu können.

Es ist ein eigenthümlicher Zug in der Geschichte der musikalischen Psalmologie, daß gerade in dem Moment, in welchem dem neunzehnten Jahrhundert das musikalische Fundament in allen seinen Einzelheiten der subjektiven Lyrik zudrängend, errungen wird, gerade die subjektivste Form des Gottesbedürfnisses, die des Psalms, nur in einem einzigen Beispiel uns entgegentritt, da aber auch mit einem der epischen Behandlung früherer Zeit so völlig entgegengesetzten Gepräge, daß dasselbe, obwohl es niemals als Muster der Psalmenkompositionen gelten wird, als ein Vorzeichen neuer Behandlungsweise zu betrachten ist. So ist Franz Schubert's 23. Psalm „Gott ist mein Hirt" für vier Männerstimmen mit Klavierbegleitung.

Während sämmtliche der jetzt genannten Psalmen-Kompositionen sich in den Figuralformen des kontrapunktischen Styls bewegen, steht Schubert's Psalm urplötzlich mit seiner Vierstimmigkeit mitten im Accord — eine lyrische Blüthe voll innigen Duftes und erwärmenden Wohlklangs. Demselben Boden der schönsten Theil entsprossen, wie das von diesem Meister geschaffene deutsche Lied, ist er voll desselben Frühlingszaubers der Seele, wie seine Lieder, ohne welche dieser Psalm wohl überhaupt nicht möglich gewesen wäre. Keine Figuration, sprachmelodisch in den Grenzen, die Schubert erschlossen, keine Epik, ganz Lyrik ist er auch in seiner Form ein Lied, aber mit Psalmentext, wie die anderen Lieder mit poetischen Texten — nicht weniger, nicht mehr. Dem religiösen Text ist darum kein Eintrag geschehen. Der eigenthümliche Reiz des Schubert'schen Liedes liegt in jener wunderbaren Stimmungsmitte, wo die religiöse und weltliche Poesie noch ungeschieden, die weltliche Stimmung religiöse und die religiöse den süßen jungfräulichen Zauber weltlicher Poesie anhaucht. Diese Andachtsstimmung ist dem Psalm wie angeboren.

Die Psalmen der Meister des achtzehnten Jahrhunderts haben als Fundamentalstimme, dazwischen mit den bei der Kirchenmusik üblichen Klangverstärkungen durch Posaunen gestützt, die Orgel. Die Instrumentalstimmen selbst sind nicht begleitend, sondern nehmen gleicherweise an der Ausführung Theil, wie die Gesangstimmen. Der Psalm Schubert's hat Klavierbegleitung. Er ist wohl der erste, welcher das Hausinstrument an die Stelle des Gemeindeinstrumentes, anstatt der Chormasse das Solo-Quartett setzte, gleichsam ein Vorzeichen, daß die Heimstätte des musikalischen Psalms sich in das Innere verlegt. Die Begleitung steht auf gleicher Stufe, wie die Begleitungen seiner weltlichen Lieder, die trotz einer gewissen Allgemeinheit stets aus der Besonderheit der Stimmung des Textes herauswachsen. Man denke an sein „Ave Maria", an seine „Forelle", seinen „Wanderer", seinen „Erlkönig" und viele seiner anderen Lieder. Die Psalmbegleitung ist durchweg selig bewegtes, hingebendes Vertrauen.

23. Psalm von Schubert

Dieses Beispiel in der Psalmenliteratur ist einzig geblieben. Schubert's musikhistorische Aufgabe lag in der Entwickelung des poetischen Liedes, nicht in der Entwickelung der religiösen Lyrik.

In der ersten Hälfte unseres Jahrhunderts bemächtigte sich Mendelssohn am bereitwilligsten des hebräischen Psalters. Mendelssohns Unternehmen standen diesem überhaupt näher als seinen Zeitgenossen, abgesehen von seiner Neigung für eine gehaltvollere Richtung in seiner Musik, wie sie sich in jenen Oratorien zu einer Zeit aussprach, die musikalisch eines ernsteren Wortes ebenso bedürftig war, wie einige Jahrzehnte früher auf anderem Gebiet der „Reden" Schleiermachers „über die Religion an die Gebildeten unter den Verächtern". Er führte den Psalm in eine neue Phase. Sie entspricht genau der Stellung, welche sein Gesammtschaffen in der Musikgeschichte einnimmt. Eine harmonische allgemeine, von einer feinfühligen Intelligenz getragene Bildung im Hintergrund, musikalisch durch die strenggeformten Werke Bachs geschult, voll Sympathie und Bewunderung für sie, aber den Sinn für die poetisch-romantische Musikrichtung offen, ihr mit allen ihren neuen Mitteln des Ausdrucks und der Malerei zugewandt und sie mit größter Leichtigkeit beherrschend, ohne sich dabei einseitig oder beschränkt weder ihr oder den Alt-Klassikern hinzugeben, war er bestimmt diese beiden großen Gegensätze in seinen Werken zu vereinen, aber mehr in der Form als in dem Umfange, in der Kraft und in der Tiefe ihres Gehaltes. Ein lyrisches Versenken in die Tiefen und Untiefen (Schumann) des Gemüthes lag seiner Natur so fern wie jener Höhenflug des Gefühls, dessen Richtung geradeauf zur Sonne emporsteigt. Seine Natur war hellenisches Maß — die epische Form lyrisch durchwärmt, der lyrische Inhalt episch gehalten, eine durchaus edle Erscheinung.

Mendelssohn komponirte acht Psalmen: den 2. — „Warum toben die Heiden" —, den 22. — 9. Vers ff.: „Er klage es dem Herrn" —, den 42. — „Wie der Hirsch schreit nach Wasser" —, den 43. — „Richte mich Gott" —, den 95. — „Kommt, laßt uns anbeten" —, den 98. — „Singet dem Herrn" —, den 114. — „Da Israel aus Egypten zog" — und den 115. Psalm, — „Nicht unserm Namen, Herr" —. Er war der fruchtbarste der Psalmenkomponisten unseres Jahrhunderts.

Beim Vergleich seiner Texte mit denen Bach's legt sich sofort der inhaltliche Fortschritt von der Epik zur Lyrik dar. Bach's Wahl blieb im Kreis der Preis- und Dankgesänge, welche Gott als dem Schöpfer und Regierer der Welt lobsingen. Mendelssohn, während er im 95., 114. und 115. Psalm, die so ausschließlich dem historischen Gedenken und dem Gotte Israels gewidmet sind, seinen Vorfahren ein pietätvolles Denkmal setzt, greift mit der Komposition des 42. und 43. Psalms, dieser Dichtungen voll ergreifenden Gottverlangens und voll zuversichtlichen Hoffens auf Gott, sowie des 2. und 22. sich auf den Messias beziehenden Psalms, in die geheimnißvolle Lyrik des Gemüths, dessen tiefstem Grunde das Gefühl der Gotteskindschaft und der messianische Heilsbegehren entsteigt — Elemente, die erst der „neue Bund" im Laufe von nahe zweitausend Jahren in ihrem ganzen Herz- und Gefühlsleben entsiegelt hat. In ihnen liegt eine der tiefsten Wunderblüthen des christlichen Gemüths. In der historischen Stellung Mendelssohns, auch in seinem dem schönen formellen Gleichmaß zustrebenden Wesen lag es jedoch nicht, diese Blüthe musikalisch zu entfalten, wohl aber sie gewissermaßen vorzubereiten und anzudeuten.

Diese Verbreitung liegt überwiegend in der einseitigen Benutzung der Kompositionsmittel der Harmonie, in der Instrumentation, in der formellen Klarheit, in dem Überwiegen jenes figurativen Theils des Kontrapunkts, der — dem Wort widerstrebend — nur dem abstrakt-formalen Musiksinn Genüge leistet. Mit ihnen verband er Laute eines ernsten, warmen Gottgefühls. Allein die Laute, die eben so glühend als innig, eben so gewaltig in ihrer Erschütterung als selig bewegt Himmel und Erde umschlingend, sich dem menschlichen Herzen ganz unmittelbarst entwinden, lagen nicht in ihm. Den 22. Psalm à 8 setzte er — ebenso den 2. und 43. — im kontrapunktischen Stil a capella. Diese Form konnte unmöglich weder die verzweiflungsvolle Stimmung, welche die Worte und Bilder dieses Gedichtes in heißen Athemzügen ausflammen, noch das sie umschwebende Prophetenwort zum Ausdruck oder auch nur zur Ahnung des Gemüthes bringen. Und so wirkt dieser Psalm alttestamentarisch, äußerlich, trocken. Von dieser Trockenheit ist selbst seine bedeutendste Psalmenkomposition „Wie der Hirsch schreit nach Wasser“ nicht ganz frei zu sprechen, wie schon Brendel seiner Zeit es ausgesprochen hat.

Zunächst zeigt die textliche Behandlung Mendelssohn's den großen Fortschritt, der sich bis dahin seit Bach vollzogen hatte. Dem Wort ist sein Recht gegeben, die Zeit seiner Zerstückelung durch die Tonfiguration vorbei, die Rede bleibt gewahrt, ihr lyrischer Gesammtinhalt giebt sich geschlossener. Der Tonfiguration selbst ist in moderner Neugestaltung ihr Platz im orchestralen Theil begleitend, zeichnend und malend angewiesen.

Jene Reinheit des deklamatorischen Accents aber, die sich nach Mendelssohn's Zeit zum sprachmelodischen Princip gestaltete und die innigste Verknüpfung zwischen Wort und Ton verlangt, lag nicht in der Aufgabe dieses Meisters. Er konnte noch deklamiren: „Nicht | unserm Namen, Herr, nur | Deinem geheiligten Namen ꝛc.“, anstatt „Nicht | unserm Namen, Herr, nur | Deinem geheiligten ꝛc.“ (115. Psalm).

Die musikalische Erschließung des Einzelwortes in seinem individuellen Gehalt oder auch in seiner intentionellen Beseelung und Farbe lag ebenfalls außerhalb seiner Weise. Die kontrapunktischen Mittel, die er mit modernen verband, hinderten ihn daran. Der Kontrapunkt schließt solche Dinge aus.

Nur bei einigen vereinzelten Momenten, gegenüber dem Eingeführt, bei welchen der Akkord in den Vordergrund tritt, zeigen sich Spuren lyrischer Farbe, wie z. B. am Schluß des 1. Chors des 115. Psalms

wo nach dem düstern Moll der As dur-Dreiklang zu dem Worte „Herrlichkeit" über dieses Wort einen Glanz breitet, wie ein plötzlicher Sonnenstrahl, der auf Goldbrocat fällt.

Noch zwei andere Beispiele.

Im 1. Chor des 42. Psalms „Wie der Hirsch schreit nach Wasser", Worte, deren verzweifelnde Seelennoth Mendelssohn in unvergleichlicher Weise durch eine elegisch-gefühlvolle, consonirende Harmonie ausgedrückt hat — nur die ersten vier über einen Orgelpunkt schwebenden Einleitungstakte scheinen Tieferes anzustreben, passen es aber nicht — ertönt endlich, ehe der Durchführungssatz zugleich anhebt, eine Dissonanz zu dem Worte „schreit" und giebt, ich möchte sagen der „Gefühlsatmosphäre" denselben musikalischen Klang.

Das folgende Beispiel ist aus dem 95. Psalm (opus 46). Nach dem strahlenden Anruf des Chors „Kommt, laßt uns anbeten" — hält plötzlich, wie im Athemanhalten der Seele, die Bewegung der Begleitung inne und es erklingt pianissimo der übermäßige Dreiklang in Septakkordform*) während der ganzen Strophe der Bässe „und niederfallen vor ihm". Bei dem letzten Wort löst sich die innere Spannung, leise zitternd tritt die Achtelbewegung wieder ein, aber in Es-dur.

(B.-Ausgabe Seite 56)

Diese Stelle gehört mit zu dem Schönsten und Poetischsten, was Mendelssohn geschrieben. Die Innerlichkeit des Textes ist in ihrer Besonderheit erfaßt und wiedergegeben. Derartige Momente finden sich bei ihm mehrere vor (115. Psalm Part. S. 21, 3. Takt, S. 43, 4. Takt u. a.).

Der Schwerpunkt der Psalmen dieses Meisters liegt in ihrer poetischen Wiedergabe. Die poetische Tonmalerei durchzieht sämmtliche für Chor und Orchester komponirten. So z. B. führt er das Meerbild Händels (90. Psalm) in seinem 114. Psalm gleichsam weiter. Bei den Worten „Das Meer sah und floh, der Jordan wandte sich zurück" giebt auch er ein Bild der bewegten Fluth. In seiner Erfindung nicht so kühn und so gewaltig, wie sein malender Ahne, ist er unendlich geistreicher. Mendelssohn's

*) Von Mendelssohn sehr wenig gebraucht.

scharfsinnige Intelligenz weiß das Volk immer auszuarbeiten als jener. Angelte. Violen und allmählich die Bässe sind die Träger des erregten, siedenden Meeres, dessen Wogen.

Viola u. Fagotti

immer brausender anschwillt, mit Akkordarpeggien gemischt breitere Dimensionen annimmt, um endlich, wie Wogen, die in ihrem Andrängen gestaut sind, an folgender Stelle seinen Gipfelpunkt durch ein Unterbrechen des Bewegungsstromes zu erreichen

Chor

Jor . . dan wandte sich zu

rück

Das Zurückziehen des Jordans — die mehrmals unterbrochene wogende Figur — vollzieht sich nach und nach. Die flüchtende erste

Fuge tritt wieder piano ein, wird allmählich stärker und verstärkt gegen das Ende dieses Chores hin. Bei Händel ging das Weiterbeweisen, ich möchte sagen in einem dicken Strich durch die ganze Nummer bis zum letzten Takt. In solchen Zügen der Tonmalerei zeigen sich die immensen Fortschritte über Händel hinaus — die großen Errungenschaften der Instrumentalmusik, welche nun den poetischen Bilderreichthum des Psalms zu fassen begannen. Der ganze 114 Psalm (zweichörig mit Orchester) Mendelssohn's ist beschreibende Malerei, welche von den mehr lyrischen Partien unterbrochen die Kontraste des Lichts und des Schattens erhält. Bei aller Durchsichtigkeit der Form bleiben die Einzelsätze doch im Fluß des Ganzen, wodurch dieser Psalm noch mehr zu einem dichterischen Bilde sich abrundet.

Diese Seite des Psalms — das dichterische Bild — hat keiner seiner Vorgänger so erfaßt, wie er. Eigentlich hat er sie zum ersten Mal zur Geltung gebracht. Allerdings war das auch erst möglich, als die Instrumentalmusik zur Selbständigkeit entwickelt sich zur Dichtkunst hinüber neigte und mit ihren Stoffen ihre Berechtigung sich zu erweitern begann, als die Idee und das Princip der Programme in Mendelssohn's „Sommernachtstraum"-Musik, in seiner Hebriden-Ouvertüre u. a., in Berlioz Symphonien vor aller Welt beglaubigt war und diese poetischen Errungenschaften sich mit der Vokalmusik verbinden konnten.

Wie Bach und Händel, benutzte Mendelssohn bei seinen größeren Psalmenkompositionen die Form der Kantate. Auch bei seinem 114 Psalm schwebte sie im Hintergrund. Hier aber sind die Inhaltsmomente wohl in verschiedene Sätze getheilt und an verschiedene Ausführungsgruppen vertheilt, aber diese Sätze und Gruppen scheiden sich nicht in Einzelformen in Arien, Duette, Chöre, die in sich selbst ein abgeschlossenes Stück bilden, wie das bei der Kantate Bach's, Händel's, auch zum Theil bei den Mendelssohn'schen Psalmen (dem 115., 42., 95. Psalm) der Fall ist. Gerade hierdurch hat er im 114 Psalm erreicht, was ihm bei keinem sonst gelang und was diesen über alle anderen seiner Psalmen stellt: er hat, was gerade der hebräischen Psalm-Dichtung so eigen ist, das Bild im hymnischen Theil und wieder umgekehrt das hymnische Moment im Bild — beide in Fluß gebracht, auch formell. Da, wo eine Form zersplittert in Formen besteht, kann auch kein Fluß sein. Das hat Richard Wagner gegenüber der klassischen Oper.

Franz Liszt gegenüber dem klassischen Oratorium zum Bewußtsein gebracht. Das gilt gegenüber jedem Inhalt, der, ein bewegter, nicht in sich selbst ruht. Auch die Unmittelbarkeit des Inhalts wird erst zur Aussprache kommen können, wenn die in Fluß gebrachte Form sich willig der Unmittelbarkeit zum Diener gibt. In sich gefestete Formen und zugleich Unmittelbarkeit des Gefühls sind zwei Dinge, die wohl in den meisten Fällen, wenn nicht ihrer Natur nach überhaupt, sich ausschließen.

Der ganze Charakter des Psalms und die klassische Kantatenform mit ihrem Komplex von Formen stehen mit einander in Widerspruch. Die geschlossenen Formen des Kontrapunkts ebenso wie die in einzelne Dinge abgegrenzte Formenkette der Kantate können wohl einzelne Momente eines Psalms musikalisch verkörpern, vielleicht „illustriren", aber sie können nicht den Psalm weder als Dichtung noch als unmittelbaren Erguß des Gefühls zum Ausdruck bringen — wenigstens nimmermehr so, daß die Musik dem Psalm in Wesen und Form gleich kommt und selbst zum Psalm wird.

Die Lösung dieser Aufgabe hat Mendelssohns 114. Psalm begonnen und zwar in den Grenzen dieser Psalmdichtung, die mehr erzählenden und beschreibenden Charakters ist. Die Lyrik schlägt hier nur stellenweise durch, wie Wärme durch einen porösen Stoff.

Die instrumentalen Mittel, deren sich Mendelssohn bei seinen Psalmen bedient, sind das volle Orchester. Bach und Händel standen auf beschränkterem Boden.

Oboe, Violinen, Viola und die Orgel als Fundamentalstimme, das war so ohngefähr der Kern des Instrumentalkörpers ihrer Psalmen. Anderer Holzblas- und Streichinstrumente bedienten sie sich selten, noch seltener der Blechinstrumente, die damals ihrer Vervollkommnung noch harrten. In Folge dessen klingt bei Mendelssohn alles farbenreicher. Sein Orchester ist wie eine neue Welt neben dem der alten Meister. Er bringt auch zum ersten Mal — so verwunderlich es ist, daß es nicht vordem geschehen — das Instrument bei seinen Psalmen zur Anwendung, das seit König Davids Zeiten das musikalische Symbol des Psalters geworden ist, die Harfe (42., 98. Psalm). Ihr fällt kein kleiner Antheil an dem Enthusiasmus zu, den diese Werke zu Lebzeiten ihres Komponisten gefunden haben.

Mendelssohn steht auf der letzten Scheidelinie zweier Welten, des musikalisch-alten und -neuen Bundes. Der erstere war als ein Fertiges bereits ausgeschieden aus dem Werdebrande des geschichtlichen Lebensstromes, der zweite eine noch junge Saat, deren erste Blüthen unter den Weisen europäischer Volksweise rasch empor getrieben war. Er langte nach beiden. Aber es fehlte ihm die Kraft den einen oder den andern ganz zu fassen, des einen oder des anderen Beherrscher ganz zu sein oder auch den Inhalt beider in weittragender Form zu äußern. Das hatte auch nur ein Riese gekonnt. So sind seine Psalmen, wie alles von ihm Komponirte schöne Musik, auch eigenartig, allein ihr fehlt die schaffende Gewalt der Originalität, der gewaltsame Impuls einer Natur, die sich giebt wie sie ist, weil sie ist — ihr fehlt für die Psalmen, was könnte sagen, die Davidnatur. Bei David fühlt man, wie die Lebensströme immer höher und gedrängter an ihm heran rollen und wogen, wie sie bis ans Herz ihm steigen und wie er, ein königlicher Sänger, die Harfe in der Hand, sich über sie emporschwingt.

Um die hebräische Gottespoesie in dem ganzen Umfange ihrer Eigenartigkeit wieder geben zu können, fehlte Mendelssohn nicht nur die Temperatur, es fehlte ihm auch das Temperament, das zur dithyrambischen Gotteszuversicht, zum Aufflammen, zum Emporjauchzen, zur innigen Hingabe und zur tiefsten Demüthigung, der Zerknirschung treibt. Das hellenische Maß seiner Musik wurde oft gerühmt. Aber kein hellenisches Maß wird jemals einen Psalm wie den alttestamentlichen, zum zweitenmal, auf christlichem Boden schaffen können. Mendelssohns Formen waren ein Produkt der Kunst, auch ihr Inhalt war ein mehr durch die Intelligenz, und durch deren Resultate bestimmter. Vom religiösen Standpunkt aus läßt sich darum seine Kirchenmusik vielleicht „humane" Musik nennen insofern als auch die Humanitätsideen in gewissem Sinn Kunstprodukte sind — Resultate der philosophischen Speculation.

Keine Periode der Tonkunst hat einen so vollständigen Umschwung und eine so vollständige Umgestaltung in Form und Princip erfahren, wie die letzten vier Decennien. Zwei großartige Künstlererscheinungen stehen hier an der Spitze und alles, was seit Beethoven Neues und Wesentliches auf dem Gebiet der Oper, des Konzerts und der Kirche sich entwickelt hat, kulminirt und koncentrirt sich in diesen beiden: in Richard Wagner und Franz Liszt. Durch beide Meister hat sich, trotz grimmigster und hartnäckigster Gegner, in rapidester Schnelligkeit eine so ausgeprägte Um- und Neugestaltung vollzogen, daß sie unverkennbar der Tonkunst der nächsten Zukunft ihre Grundzüge vorgezeichnet hat, mögen nun diese nach Behauptung der Musik-Orthodoxen zur Hölle der Tonkunst führen oder nach der Überzeugung der Musik-Liberalen sie erweitert auf ein geistig höheres Niveau stellen. Als ein fait accompli steht sie der Welt gegenüber, und seitens Wagner, dem die Repräsentation der Welt, die Bühne, zufiel, beherrscht sie die Welt.

Im ersten Moment hatte es allerdings den Anschein, als solle allem Früheren der Krieg auf Leben und Tod erklärt werden. An Stelle der formell-geschlossenen Form trat herrisch das Verlangen nach einer offenen, nach einer Form, welche die psychologische und dramatische Wahrheit des Gefühls- und Ideenlebens nicht hindere, sondern seine Sprache werde — gegenüber der bunten Klostermauern entzogenen, schon von der Klassicität durchbrochenen Polyphonie tauchte immer ungestümer aus dem Meere des Lebens die Homophonie der Accorde auf mit seinen unzähligen Stimmungsnuancen und machte ihr das legitime Recht der Musik streitig, — gegenüber der in sich abgegrenzten und gefesteten Diatonik die Chromatik und Enharmonik mit ihren unbegrenzten, in den feinsten geistigen Äther dringenden Modulationen. Mehr und mehr trat aber bei allen Gegensätzen hervor, daß ihr Ziel keinen Umsturz einer alten und ehrwürdigen Kunst bedeute, vielmehr ein Suchen neuer Mittel, ein Ausscheiden solcher, die für uns Menschen des neunzehnten Jahrhunderts kein lebensfähiges Organ mehr sein konnten, ein Erweitern und Dehnbarmachen alles dessen, was eine echte Kraft des Lebens in sich trug. Der Accord mit seinem chromatischen und enharmonischen Medium löste dem Kontrapunkt die Fesseln und zog ihn befreiend, ja beflügelnd in die freien Regionen seiner Bewegung, von ihm dagegen Begrenzung und Festigung seines sich leicht der Form entwindenden und formzerfließenden Wesens in sich aufnehmend.

Und so können wir jetzt, da ein Überblick über die dem früheren Jahrhundert entgegengesetzten musikalischen Bestrebungen möglich ist und der große Kampf hinter uns liegt, mit aller Gemüthsbefriedigung uns sagen, daß nichts von dem lebensfähigen Vermächtnis der Vergangenheit uns entrissen wurde, daß vielmehr dasselbe wie ein werthvolles Erbgut, welches von der formellen und geistigen Kontinentalsphäre bereits die Kontinente des Lebens und Geistes durchwandert hat, in unserer Mitte fortlebt, aber verschmolzen mit den neuen großen Errungenschaften erst jetzt allen Regionen des inneren Daseins gerecht war —: ein altes Testament, zu höherem Leben eingegangen im neuen.

Die Freiheit der Bewegung, Umgestaltung und Bereicherung der musikalischen Mittel ging von der weltlichen Musik aus und vollzog sich auf dem Gebiete der Symphonie (Beethoven, Berlioz, Liszt), der Oper (Gluck, Wagner) und des Liedes (Schubert, Schumann, Franz). Als Franz Liszt sich mehr und mehr dem symphonischen Gebiet entzog und der Kirchenmusik (dem Oratorium, der mit dem kirchlichen Kultus verknüpften Messe und kleineren Formen) zuwandte, gestaltete er diese nach denselben reformatorischen Principien. Wie dort auf weltlichem Boden, entstand hier auf kirchlichem ein neuer Stil — der lyrisch-dramatische —, welcher eben sowohl die ideale Hoheit des Kultus zu wahren im Stande ist, als auch in die religiösen Mysterien einzudringen und die tiefsten Erregungen und Erschütterungen des unbewußt-religiösen Gefühls durch den Ton auszusprechen vermag. Die neue Wendung, welche Franz Liszt der Kirchenmusik gab, ließ diese zur Unmittelbarkeit des religiösen Gefühlsausdrucks vordringen, ja vordringen bis — ich möchte sagen — zur Unmittelbarkeit des Gebetes. Zellner nannte Liszts „Graner Festmesse“ mehr gebetet als komponiert.*)

Und in einer solchen Unmittelbarkeit liegt das Element, welches eine musikalische Wiedergeburt des Psalms auf Grundlage der neuzeitmenschlichen Gemütsvertiefung und Kunsterrungenschaften ermöglichte.

Vor allen Dingen ist bei Liszts Kirchenmusik, folglich auch bei seinen Psalmen, ins Auge zu fassen, daß sie nicht ein künstlerisches Abstractum ist, sondern in Verbindung bleibt mit dem Kultus der Kirche. Leider hat der Protestantismus diese Verbindung aufgehoben und die Kirchenmusik der Tonkunst als solcher übergeben. In Folge dessen ist ihr protestantischerseits der Impuls zu einer steten Fortentwickelung entzogen. Der katholischen Kirche bleibt der Ruhm, durch die Verbindung der Musik als Kunst mit ihrem Kultus der religiösen Musik ihre Lebensaufgabe gewahrt zu haben. Wo eine Stellung aufgehoben wird, ist ihr Lebensodem gewissermaßen erstickt. Das gilt auf jedem Gebiet, heiße es Staat, Kirche, Wissenschaft oder Kunst.

*) Zellner, L. A., „Über Franz Liszt's Graner Festmesse“ &c. (Wien, Manz & Comp. 1858).

Liszt hat für unser Jahrhundert das musikalische Erbe der christlichen Kirche übernommen — in unserem Jahrhundert der einzige Vertreter nach dieser Richtung hin. In seinem Zusammenwirken mit dem Kultus, in seiner religiösen Stellung selbst, sodann in seiner kirchenmusikalisch-reformatorischen Aufgabe lag es, daß er aus dem musikalischen Kirchenschatz vor allem die lebensfähigen Mittel mit den modernen verschmolz, die durch ihre ideale Einfachheit und Klarheit der subjektiv-religiösen Hingabe Halt und Festigkeit geben, die weit sich wölbend zum Dom — eine musikalische St. Peters-Kuppel — den Geist mit Andacht füllen. Diese Mittel fand er bei Palestrina. Palestrina hat das melodische Element des gregorianischen Sprechgesangs in Verbindung mit dem Kontrapunkt zur harmonischen Klarheit vorgeführt. Gefärbt von den antiken Tonarten, sich dichtend zu Dreiklangsharmonien wurden diese zu seiner tragenden Basis. Schlicht und klar, alle Figurirung beschränkend, voll Bewegtheit in der Ruhe, voll Ruhe in der Bewegung, tragen sie alle jene Eigenschaften der Stimmung in sich, welche dem Kultus im Tempel den Charakter des Objektiv-Idealen und Heiligen aufdrücken. Wenn eine Musik Heiligkeit athmet, ist es die Palestrina's.

Liszt hat fünf Psalmen — sämmtliche sind Dichtungen Davids — komponirt: die zwei gewaltigen Dithyramben auf Gott, den 18. und 23. Psalm, zwei Klagegesänge, den 13. und 137. Psalm, und endlich den Bußpsalm 129., welcher zu seinem noch nicht edirten Oratorium „Stanislaus" gehört. In keiner seiner Kompositionen Liszt's aber tritt die Einwirkung des römischen Meisters stärker hervor als im 18. Psalm (Vulg.). Aber diese Einwirkung ist eine mehr geistige, im Wesen der Sache liegende, als materielle — kein Stehen auf derselben Scholle, kein Epigonenthum. Im Gegentheil: sie ist eine freie Wiedergeburt aus modernem Geist mit modernen Mitteln, der 18. Psalm selbst eine Neudichtung, die an keine andere Schöpfung irgend einer Zeit, irgend eines Meisters gemahnt. Alles, was den Meistern der früheren Jahrhunderte in Folge des Entwickelungsstandes und der Richtung der Tonkunst versagt blieb — trotz des großen Kunstwerthes und des religiösen Gehaltes ihrer Werke —, tritt uns in ihm entgegen, vor allem die Tonsprache, die in Form und Klang, wie in reinster Unmittelbarkeit, sich aus der Stimmung selbst schafft.

Wie der 18. Psalm von seinem Dichter für den Kultus bestimmt war, so hält auch Liszt ihm gegenüber die Eigenschaften fest, die im Zweck des Kultus liegen: die Einfachheit und Durchsichtigkeit der Form, die, obwohl Kunst, doch nicht als Kunst zu uns spricht, sondern als religiöse Stimmung, die nicht den Kunstzweck verfolgt, sondern den Zweck der Andacht, die nicht insonderheit an den Künstler und Kunstverständigen sich wendet, sondern an alle, an jene wie an den Laien — eine Einfachheit und Durchsichtigkeit, welche die Harmonie beschwingt, die Gemüther mit sich emporträgt, ähnlich wie die Orgel beim Choral die Andachtsstimmung der Gemeinde führt.

Liszt hat den „die Herrlichkeit Gottes in der Natur und in seinem Wort" beschreibenden 18. Psalm nur bis zu seinem Höhepunkt komponirt:

2 Die Himmel erzählen die Ehre Gottes, und die Veste verkündiget seiner Hände Werk.
3 Ein Tag sagt's dem andern, und eine Nacht thut's kund der andern.
4 Es ist keine Sprache noch Rede, da man nicht ihre Stimme höre.
5 Ihre Schnur gehet aus in alle Lande und ihre Rede an der Welt Ende. Er hat der Sonne eine Hütte in denselben gemacht.
6 Und dieselbe gehet heraus, wie ein Bräutigam aus seiner Kammer, und frohlocket, wie ein Riese zu laufen den Weg.
7 Vom äußersten Himmel ist ihr Ausgang und ihre Rückkehr zum Äußersten desselben und nichts bleibt von ihrer Flamme verborgen.
8 Das Gesetz des Herrn ist ohne Wandel und erlabet die Seele. Das Zeugniß des Herrn ist gewiß und macht die Albernen weise.
9 Die Befehle des Herrn sind richtig und erfreuen das Herz; die Gebote des Herrn sind lauter und erleuchten das Auge —
10 Die Furcht des Herrn ist rein und bleibet ewiglich. Die Rechte des Herrn sind wahrhaftig, allesammt gerecht.

Hosanna, Halleluja!

Mit diesem dem Psalm angehängten Jubelruf schließt Liszt obige Verse ab.

Die Komposition selbst ist für Männerstimmen und doppelt besetztes dem Hymnus entsprechendes Orchester (2 Flöten, 2 Oboen, 2 Clarinetten, 2 Fagotte, 4 Hörner, 2 Trompeten, 2 Tenorposaunen, Baßposaune und Tuba, Violinen, Viola, Celle und Kontrabaß, Pauke, Becken ad libit.[*]) und Orgel ad libit. In idealster

---

[*] Der 18. Psalm ist vom Komponisten auch 1. mit obligater Orgelbegleitung allein, ohne andere Instrumente, und 2. mit Begleitung von Blechinstrumenten (4 Hörner, 2 Trompeten, 3 Posaunen und 1 Baß-Tuba) obligat und die Holzbläser: 2 Flöten, 2 Oboen, 2 Clar. und 2 Fag. und Pauken ad libit. gesetzt.

sprachlicher Deklamation, voll Schwung und Kraft, ohne musikalisch-formelle Zwischenspiele und ohne Wortwiederholungen, die den großen hymnischen Flug hemmen würden, folgt Liszt dem gewaltigen Höhengang des Textes ohne Unterbrechung vom Anfang bis zu Ende. Das Wort und sein melodisch-harmonischer Körper, Männer- und Orchesterchor umschließend, verschmelzen sich zum Hymnus. Das Orchester tritt nur theilweise in den Vordergrund. Theils schließt es sich dabei der textlichen Interpunktion an, theils bildet es hierdurch die inneren Übergänge von einem Vers zum andern. Auch leitet es den Psalm ein durch einen viermaligen, stets sich steigernden Anruf, an dem alle Instrumente sich betheiligen, zuerst in einem mächtigen unisono auf der Dominante der Haupttonart, dann im Sext- und Quartsext-Akkord ihres Dreiklangs, der erstere ohne Terz, der zweite ohne Sext, und endlich im A moll-Dreiklang ohne Quinte*).

(Part., Seite 4.)

Ein viermaliger melodischer Übergang entführt hierauf gleichsam aus seinem Innern das Wort, das von Blasinstrumenten nur verstärkt ist, während das Orchester schweigt.

*) Diese mehrdeutigen und eigenthümlichen Dreiklangsfolgen bringt der Meister in diesem Psalm mehrfach zur Anwendung.

Die einfache Idealität des Kultus wahrend schließt sich die melodische Bildung des 18. Psalms dem cantus planus an, der hier, ein unisono der Männerstimmen, sich in dem Kreis bewegt, den der älteste christliche Kultus sich geschaffen. Er zieht sich durch die ganze Komposition. Nur bei einzelnen besonderen Momenten und am Schluß — nach der Verkündigung der Herrlichkeit Gottes — löst sich beim Hosanna-Satz das unisono zu Harmonien auseinander, die, wie der melodische Kern auch, der Diatonik, seine reinen Dreiklängen angehören, aber innerhalb derselben in der von Liszt geschaffenen Weise sich mittelst der Chromatik frei in andere Tonartsgebiete hinüber bewegen, oft nur einen Ton aus diesen herüberholend, aber immer so, daß er dem Hauptaccent des Wortes die Farbe giebt oder auch es illustriert. Bei folgender Stelle (S. 9) erhält nach vorangegangenem F dur zu dem Worte „Tag" der D dur-Dreiklang anstatt des tonalen D moll-Dreiklangs. Der Zauber des Tagesglanzes entströmt ihm urplötzlich dem Wort und breitet sich über die ganze Strophe, während die nächste Strophe durch das G moll zu dem Worte „Nacht" wie in Schleiern erklingt — eine Harmonien-Malerei, die sich in charakteristische Stimmung umsetzt, ähnlich wie auf dem Gebiet des lyrischen Gedichts Göthe*) durch Wort- und Klangmalerei der Stimmung reale Farbe verlieh.

*) z. B. — Aus „Faust".

Ähnliche Stellen bietet dieser Psalm noch manche.

Obige Chormelodie „Ein Tag sagt es dem andern" und die des Anfangs „Die Himmel erzählen die Ehre Gottes" sind die Hauptthemen der ganzen Komposition. Aus ihnen und ähnlichen Chorstrophen, die sich aus dem Strophenbau des Psalms bilden, formt sich die Form. Sie erhebt sich — wie so eben gesagt — auf der harmonischen Grundlage reiner Dreiklänge, die in aufsteigender Linie von Strophe zu Strophe modulieren, was die kirchliche Ruhe des Gesanges in immer höher schwellende und wärmer werdende Stimmung trägt. Das Orchester ist dabei in Melodie, Rhythmus und Harmonie ihr Träger, ihr Pulsschlag, die Atmosphäre, die sie ein- und ausathmet.

Die große Steigerung dieser Doppelrichtung von Wort und Ton zieht sich fort bis zum 6. Vers, von wo an die Lobpreisungen der Eigenschaften Gottes ihren Gipfelpunkt erreichen und der Dichter in wunderbarer Einfachheit und Größe deren Segens- und Liebeseinfluß mit lobpreist. Der Komponist ist bei dieser Stelle nicht hinter dem Dichter zurückgeblieben, ja uns scheint sogar, als gelange erst jetzt durch die Musik, so wie sie ist, der Kontrast von Epik und Lyrik, der in diesen Versen (8.—10. Vers) liegt, zu seiner vollen Wirkung und Größe. Liszt wiederholt vom 6. Vers

---

„Und wenn der Sturm im Walde braust und knarrt,
Die Riesenfichte stürzend Nachbaräste
Und Nachbarstämme quetschend niederstreift
Und ihrem Fall dumpf hohl der Hügel donnert" —

an den musikalischen Theil vom Anfang an, aber nicht tongetreu, sondern dem veränderten Text entsprechend, wobei er den Kontrast

— den epischen und lyrischen Moment — durch den Wechsel des kräftigen unisono-Chors und des ausdrucksvollen Soloquartetts sowohl erhält, als auch steigert bis zum Schlußsatz, dem majestätischen Hosanna, Halleluja!

Der Chor ist hier mehrstimmig gehalten. Vom breiten Strich der Geigen eingeführt, erhebt er sich auf Grundlage des ersten Themas — mit dem Orchester ein unisono-Strom.

der im Anschluß an die Variation des ersten Theils immer lebendiger und höherschwingend fort wogt, um endlich mit einem letzten langgezogenen Halleluja! mit vollem Orchester und mächtigstem Orgelklang auszubrausen

Dem 18. Psalm verwandt, ebenfalls eine Dichtung höchsten dithyrambischen Schwunges, stellt sich Liszt's 23. Psalm neben jenen. Auch er ist in seiner Form ganz dichterischer Erguß, ganz Fluß, ganz Gegenwart. Letzteres in dem Sinne, als er, Musik und Wort zugleich, wie in reinster Unmittelbarkeit der gehobensten Stimmung entflossen scheint. Dennoch ist er ganz anders, ein voller Kontrast zu jenem. Während der 18. Psalm begeisterter Lobgesang auf Gott ist, athmet der 23. Psalm begeisterte Zuversicht zu Gott, die sich seiner Güte voll und ganz hingiebt und, in ungebrochener Einheit mit der Natur, auch ihre irdischen Wohlthaten besingt bis zur Wonnetrunkenheit — jener ist Gemeinde-, Kultusgesang im Dom, dieser ein freier Erguß des Individuums, an keine Stätte gebunden.

Liszt wählte die Uebersetzung von Herder in gebundener Sprache *).

Mein Gott, der ist mein Hirt,
Wo ich geh' und steh';
Wo er mich führt, wie er mich leitet,
Was fehlt mir je?

Jetzt weid', jetzt lager' ich mich
Am Bach der Au',
Auf grünender Au', am kühlenden Bach
Im Morgenthau.

Dann weckt, dann führt er mich
Mit neuem Muth
Richtigen Wege, sich zum Siege
Zu neuem Gut.

Und auch im Thal der Nacht —
Warum fürcht' ich mich?
Meines Hirten Stab, meines Hirten Schall —
Die trösten mich.

Und hinter Grau'n und Nacht,
Im dunkeln Thal,
Siehe, du setzt, Feinde da sehn
Mein Freudenmahl!

Seht, Freudenöles träuft
Mein lockigt Haar;
Becher du schenkest, Becher du schenkest
Als trunken gar.

Das Heil wird stets um mich seyn,
Mein Gott, der ist mein Hirt —
Was fehlt mir je?

*) „Religion und Theologie" Herder's Werke III. Theil 1773. Die Überschrift des obigen Psalms lautet hier: „Eine morgenländische Idylle".

Immerdar bleib' ich im Haus des Herrn'

Mein Gott, der ist mein Hirt'! —*

Wie bei Schubert, formte sich dieser Psalm auch in Liszt's Phantasie zu einem Sologesang, aber nicht für Soloquartett, sondern für eine Singstimme (Tenor oder Sopran), und nicht mit Pianoforte-Begleitung, sondern mit Begleitung von Harfe und Orgel**) — ein Trio einziger Art. Insbesondere ist die Harfenpartie mit ihrem Wohlklang, Fluß und lebendigem Passiren ein Unicum unter allen Harfenbegleitungen, auch die Zusammenstellung von Harfe und Orgel, das erste derartige Beispiel, ist von ergreifender Wirkung, pastoral. —

Gleichsam aus der Stille der Seele und ihrem reinsten Wohlklang wechselt leise Ton um Ton des Esdur-Dreiklangs (Orgel) von der Höhe zur Tiefe, um eine aufsteigende Harfen-Arpeggie in sich aufzunehmen.

* Der Komponist änderte Herder's letzten Vers bibelgemäßer um; [illegible] Herder's Schluß heißt:

Ein Heil, ein Heil wird sein,
Ewig um mich sein'
[illegible]
[illegible]

**) Nach Angabe des Komponisten kann anstatt der Harfe das Pianoforte und anstatt der Orgel das Harmonium zur Ausführung benutzt werden.

Diese vier Takte wiederholen sich in G moll, nach einige Harfengriffe auf dem immer geheimnisvoll gehaltenen Orgelbaß:

und wie sich selig entladend ertönt aus voller Brust der Anruf.

Nach dieser Einleitung hebt mild und innig mit leiser Harfenbegleitung der Psalm an

Dazwischen klingen zarte Orgelklänge im Charakter der Einleitung oder auch das Anfangsmotiv mit dem Terzfall, zu dem Wort „Mein Gott“ in die Harfenbegleitung. Bald in Terzen oder akkordgefüllter, bald langatmig oder gedrängter spricht es wortlos aus, was die Seele bewegt.

In seiner ganzen Konzeption bedächtig, folgt der melodische Theil dieses Psalms den Hebungen und Senkungen der Verse. Der Wohllaut der männlichen Endungen des Reimes ist von dem Tondichter feinfühlig in die Musik hineingezogen und verleiht dem Ganzen ein tief-seelisches Aufathmen, das getragen von dem vollendetsten Wohllaut der Harmonien in Ruhe verhaucht. Die Bewegung der Harfentriole, anfangs nur innerhalb einer Oktave, dehnt sich allmählich aus, steigt von der Mittellage in die Tiefe und umwogt beim Beginn des zweiten Verses in ungehemmtem Auf und Nieder die Melodie, eine Wiederholung des ersten Verses.

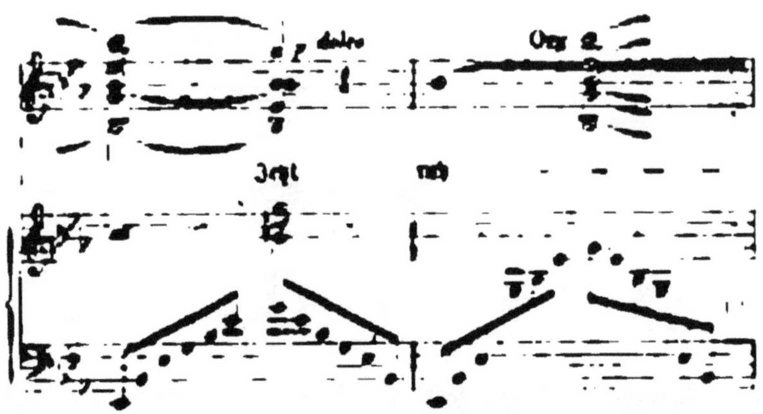

Die Harmonien beider Verse erheben sich auf dem Grundton der Tonart — Es-dur —, der, ein schwebender Orgelpunkt, gleichsam die Stimmung als Ausfluß eines Gefühls symbolisiert. Auch in den folgenden Versen, welche in andere Tonarten modulieren, kehren die Modulationen immer wieder zu diesem tonalen und ideellen Ausgangspunkt zurück.

Der Vers „Denn weckt und führt er mich" steigert den bis dahin herrschenden Ausdruck ruhiger Bewegtheit zur festen Zuversicht, die Melodie zieht sich rhythmisch zusammen und schwillt an zur Kraft, ebenso die Arpeggien, die in festeren Griffen zur Höhe steigen, dann aber, wie die Begleitung obigen Beispiels in Es-dur, piano, im Auf und Ab die erhöhten Stimmungswogen wieder glätten. Diminuendo tritt die Orgel — erst in der Mittel-, dann in der höheren Lage — mit dem Anfangsmotiv in Terzen ein, die Harfe verklingt und der Psalmengesang hebt in tiefer Stimmlage wieder an.

(Part., S. 13, 14)

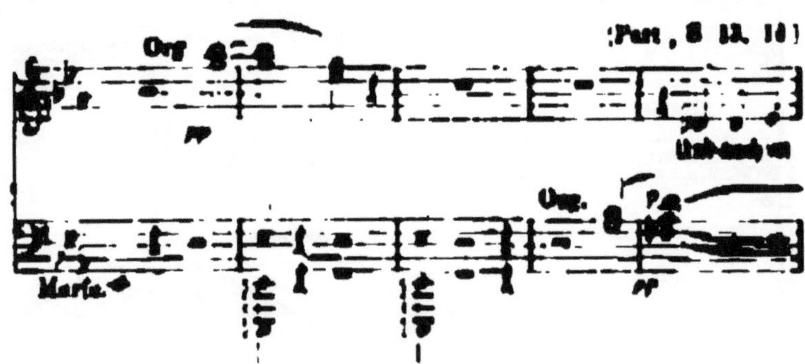

Nach diesem ergreifenden Übergang und seiner Parallelstelle „Und hinter Grau'n und Nacht" 2c. tritt die Harfe wieder zum Gesang. In rascher chromatischer Modulation, das Tempo beschleunigt, in immer höherem Flug der Stimmung, steigert sich diese bei der Lobpreisung der Segnungen Gottes im Anschluß an die orientalische Leidenschaftlichkeit der Dichtung bis zum höchsten dithyrambischen Erguß, der sich in den Worten gipfelt „Gut Heil wird stets um mich sein!" *). — Der erste Satz, aber in Es moll und frei behandelt, hebt wieder an, die Erregung zittert noch in ihn hinein. Allmählich stellt sich die gottselige Ruhe wieder her, und mit dem Anruf der Einleitung „Mein Gott — der ist mein Hirt!", dem einige Orgel- und Harfenakkorde nachfolgen, schließt diese Psalmdichtung. —

Gleich dem 18. und 23. Psalm, stehen auch der 13. und 137. in einer inneren Zusammengehörigkeit. Beide tragen Klänge tiefster Klage und tiefster Trostbedürftigkeit, des Aufschreiens und unerschütterten Vertrauens zu Gott in sich, beide sind Ausdruck der unmittelbaren, persönlichen Beziehung zu ihm. Während aber bei dem ersteren — dem 13. Psalm — die kindliche Hingabe an Gott den Trost bringt und aus ihm die hellen Flammen der Gottbegeisterung emporschlagen, dringt bei dem zweiten — dem 137. Psalm — aus der Trostlosigkeit Verbannter düsterflammende Sehnsucht hervor.

Der persönlichen Beziehung zwischen dem Betenden und Gott entsprechend, hat der Tonmeister beide Psalmen in ihren vokalen

*) Es giebt Sänger, die in ebenso materieller wie trivialer Auffassung den Höhepunkt des Gesangs auf die Strophe

Becher, du schwebst, Becher, du schäumst
Als wollen gar!

legen und den Psalm verweltlichen, indem sie eine Art Zechstimmung hineintragen. Daß diese Strophe nur Steigerung zum Gipfelpunkt ist, wird sofort ersichtlich theils aus der Begleitung, welche nach ihr zur breiten und feststehenden Akkordpassage vorgeht, theils aus dem vom Komponisten zu der Strophe „Gut Heil" 2c. vorgeschriebenen Allegro appassionato.

Hauptthemen, den einen für Tenor-, den anderen für Sopran-Solo komponirt, beiden schließen sich Chöre, dem ersten ein gemischter, dem zweiten ein Frauenchor, dort mit großem Orchester, hier mit Begleitung der Violine, Harfe und Orgel an — ersterer eine Massen umschließende Dichtung, wie der 13. Psalm, letzterer ein Solo-Psalm, wie der 23. Bei beiden wählte Liszt den Bibeltext.

13. Psalm 2: Herr, wie lange willst du meiner so gar vergessen? Wie lange
verbirgst du dein Antlitz vor mir?
3: Wie lange soll ich sorgen in meiner Seele und mich ängsten in meinem Herzen täglich? wie lange soll sich mein Feind über mich erheben?
4: Schaue doch, und erhöre mich, Herr, mein Gott. Erleuchte mein Aug', daß ich nicht im Tode entschlafe,
5: daß nicht mein Feind rühme, er sei meiner mächtig geworden, und meine Widersacher sich nicht freuen, daß ich niederliege.
6: Ich hoffe aber darauf, daß du so gnädig bist, mein Herz freuet sich, daß du so gern hilfst. Ich will dem Herrn singen, daß er so wohl an mir gethan hat.

Im Vergleich zu dem 13. Psalm tritt bei dieser Komposition die Kunstform entschieden in den Vordergrund, ohne daß damit gesagt sein soll, daß sie außerhalb des kirchlichen Kultus stehe. Er trägt vielmehr alle Eigenschaften in sich, die in dem Wesen dieses Psalmes liegen und gerade ihn dem menschlichen Herzen mit seinem Hülfe-, Trostbegehren und Hoffnungsglauben so besonders nahe legen, im Haus wie in der Kirche. — Der große Stimmungswechsel der Dichtung verlangte zu seiner Wiedergabe eine breitere musikalische Anlage, als die einfache Hymne und Liedform sie ermöglicht, — eine Anlage, die, obwohl dem Text folgend, doch durch eine größere Ausbreitung seine Innerlichkeit mit ihrem Kontrast erst zur Entfaltung und zum Blühen bringt. Von einheitlicher Stimmung durchwogt, aber kein harmonisch gefülltes Unisono von Gesang und Orchester, wie der 23. Psalm, treten Solo, Chor und Orchester dramatisch belebt und im dramatischen Fluß, bald abwechselnd, bald ineinander oder zugleich und, je nachdem es von dem Zweck und dem Charakter des Momentes erheischt ist, in homophoner oder in polyphoner Gestaltung zusammen. Das Ganze gleicht einem dramatisch-lyrischen Gebetsakt, bei welchem das Gemüth die Wandlungen, die zwischen dem Hülferuf und der siegreichen Hoffnung in Gott liegen, durchlebt.

Die Besetzung des Orchesters ist wie diejenige des 13. Psalms, nur ohne Orgel und Becken: 2 Flöten, 2 Hob., 2 Clar., 2 Fag.,

4 Ventil-Hörner, 2 B-Tromp., 3 Tenorposaunen, Baßpos. und Tuba, 3 Pauken, erste u. zweite Viol., Bratsche, Cell., C.-Bässe. Der Chor ist reicher wie dort: Sopran, Tenor und Baß mit verdoppelten Stimmen.

Eine kurze Instrumental-Einleitung, den Streichinstrumenten, Clarinetten, Fagotten und Hörnern mit Paukenwirbeln übergeben, beginnt den Psalm. Das mächtige in sich selbst zusammengezogene Thema enthält zugleich die thematischen Grundzüge, auf welchen die Einzeltheile des ganzen Werkes sich erheben.

Der ausgeprägte Charakter dieser einleitenden Takte, gleichsam ein Aufstöhnen aus Heldenkraft, versetzt uns sogleich in die Stimmung der ersten Psalmworte. Flehenden Ausdrucks, getragen von Harmonien, die so ganz den inneren Zustand bezeichnen, hebt nun der Solo-Tenor mit dem gleichen Thema an.

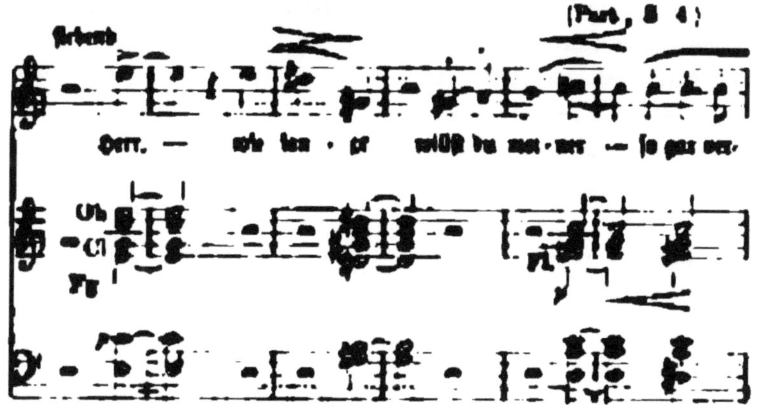

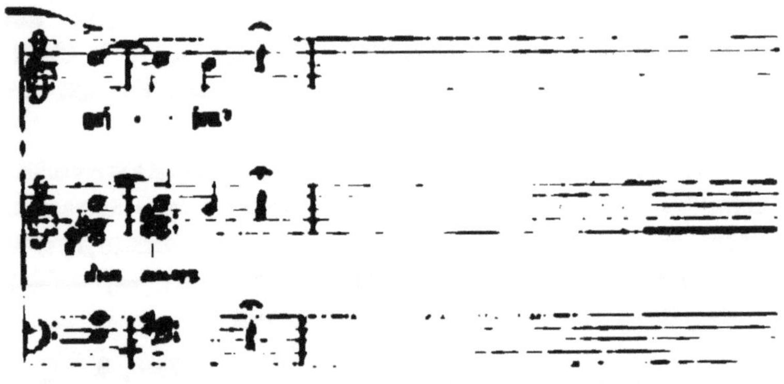

Hierauf entwickelt sich die Stimmung des zweiten und dritten Verses, eine Scene des Klagens und Flehens. Zwischen den Tenorstrophen seufzen sotto voce die Chorstimmen „Wie lange?“ jene aber fährt drängender fort „wie lange soll ich mich ängstigen in meinem Herzen täglich?“ — letzterer Ausruf eine freie Kadenz ohne jede Begleitung. Im mächtigen Fortissimo, in Oktaven, nehmen nun die Männerstimmen, begleitet von Hörnern, Posaunen und dem Streichchor, die erste Frage mit dem Hauptthema wieder auf, ihnen folgen zaghaft von Flöten-, Oboe-, Clarinett- und Fagottklängen leise umhaucht, mit derselben Strophe, aber vierstimmig harmonisiert, die Frauen, worauf im bewegteren Tempo Blech- und Streichinstrumente, letztere tremolierend, wieder eintreten, und wie aus dem Vibrato der Seele heraus, leidenschaftlich und erregt die Tenorstimme von neuem fragt „Wie lange soll sich mein Feind wider mich erheben?“ Dazwischen der Chor „Wie lange?“ „Wie lange?“

Die ganze bisherige Partie ist gleichsam eine Exposition, ein dramatischer Introitus. Nun ziehen sich die Themen zusammen zu gemeinsamer und intensiver Entwicklung. Ein frei fugierter Satz, 6/8-Takt, — Andante con moto quasi Allegretto —, im Wesentlichen dem Instrumentalkörper übergeben, hebt mit folgendem Thema, die innere Unruhe verratend, an:

— ein Thema, nebenbei bemerkt, dessen ausdrucksvolles rhythmisches Gepräge den Nationalcharakter des Komponisten (ungarisch) trägt. Von den Celli und Bratschen angeführt, nehmen nach einander die Violine, das Fagott u. s. w. das in seiner Entfaltung immer breiter werdende Thema auf. Der einstimmige Ruf der Chor-Tenore, dann des Solo-Tenors „Wie lange?" ertönt einige male, um unter Betheiligung aller Stimmen mit dem Ausruf

(Part., S. 13.)

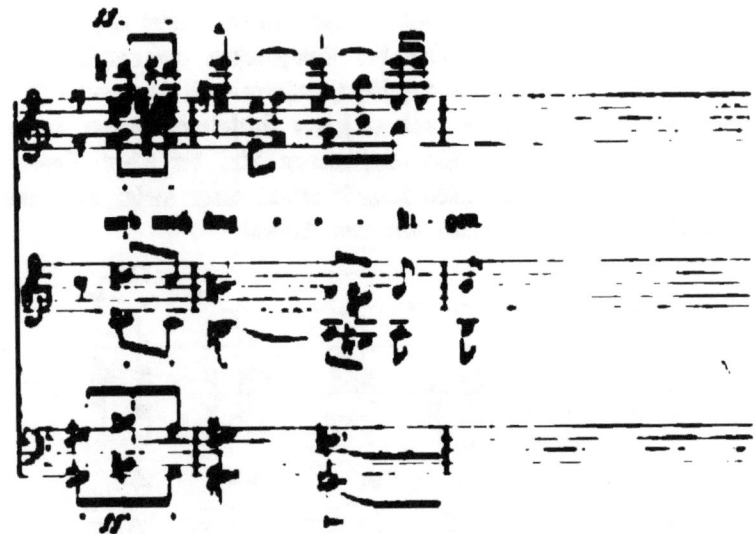

zur musikalischen und psychologischen Spitze dieses Satztheiles zu führen. Die Synkopen, das Aufwärtssteigen des kurzathmigen Motivs in Octaven mit Terzen, in seinem Charakter so ganz bedrängende Unruhe — „Beängstigung" — ist von großer Wirkung, ebenso die nach einigen Zwischenpartien kommende Stelle „Wie lange soll sich mein Feind über mich erheben?" Instrumente und Chor fassen sich hier mit voller Wucht und edler Kraft zusammen, um dann — der Solo-Tenor — gebeugten Hauptes demuthsvoll zu klagen

Einige geheimnißvoll klingende Akkorde — und in tiefster, innigster Gläubigkeit, mit einer Wärme, die wohl nur das christliche Gemüth mit seiner Hingabe an die religiösen Mysterien zeitigen und zur Schaffensreife verführen konnte, klingt ergreifend das „Schaue auf mich" (Andante mosso 6/4-Takt).

Der Chor tritt [illegible], immer inniger und seliger von längeren Violin-Arpeggien umwogt, bis die Seele erbebt in dem Gedanken „daß ich nicht im Tod entschlafe" — eine Stelle, bei welcher dumpfe Klänge gestopfter Hörner in gleichmäßigen Stößen die Schauer des Todesgedankens ausdrücken. „Daß nicht mein Feind rühme ꝛc.", fährt der Beter fort

Dieser Satztheil, sowie die frühere Stelle: „Wie lange soll sich mein Feind über mich erheben?" sind verwandten Charakters. Obwohl gehalten durch die Soloarien, steht hier die Mannesbrust im Vordergrund, welche zum Streiter für eine gerechte Sache erkoren in ihrem innersten Nerv erzittert, wenn sie des Feindes und seines möglichen Sieges gedenkt. Der Chor tritt wieder hinzu und vermengt sein Flehen mit dem der Solostimme, wobei das Streichquartett von dem abgerissenen Tremolo der Anfangstakte zu einer fliegend-wirbelnden Figuration übergeht. Dieser ganze Theil gleicht dem Bild einer Heldenschaar von Männern und Frauen, die Hände flehend empor gehoben. Durchdrungen von menschlichstem Gefühl, steht er dem weltlichen doch fern. Die tiefe Erregung verklingt, sobald die Stimmen schweigen, im Orchester in einem Septimen-Akkord. Nach einer langen Pause intonirt das Streichquartett piano und pizzicato das erste Fragemotiv.

Die Tonart wechselt, das Tempo wird ruhig, und dabei tritt das Holzbläserquartett — Solo — mit demselben Motiv ein und die Solostimme bittet von neuem

Die ganze Textstrophe, auf einem Orgelpunkt — Fis —, ist in ihrer Gebetsruhe und ihrem Wohllaut von unbeschreiblicher Wirkung, die durch den weichen Hauch des Hornes zu der Stelle „hof-fe — den Hoffnungsstrahl symbolisierend — noch erhöht wird. Solcher feiner Züge der Instrumentation ist dieses Werk voll. — Von hier an weicht die innere Unruhe der festen Sicherheit in Gott. Während die Gestaltung und Bearbeitung der bisherigen Themen — das „Schaue doch“ ausgenommen — einen drängenden, unruhigen, nur nach innerer Befreiung ringenden Charakter getragen, ist dieselbe nun bis zum Schluß immer mehr durchdrungen von innigster Hoffnung, kindlicher Hingabe und vollster Zuversicht — Seelenzuständen, denen das Frohlocken der Seele entspringt. Das lang bekannte „Schaue doch“, das im Psalmentext nicht zwei Mal enthalten ist, erklingt hier noch einmal, jetzt in A dur, vordem in As dur. Der Komponist hat es bei dieser zweiten Hälfte des Psalms, wie bei der ersten, in die Mitte gelegt, jedenfalls nicht nur aus musikalischen Gründen, sondern auch aus psychologischer Nothwendigkeit, andeutend, daß in der inneren religiösen Koncentration und Hingabe das Centrum sei, dem die Herzensströmungen entquellen. Stellen, wie diese, bezeugen musikalisch Gefühlsmomente des hebräischen Psalms, die Vorläufer christlicher Gefühle und gleichsam Keime derselben sind, zu ihrem vollen seelischen Blühen.

Die frohlockenden Schlußworte „Ich will dem Herrn singen“ endet der Meister durch eine freie Fuge aus, deren Thema, eingeleitet von den Cello, die Hauptthemen koncentriert enthält.

Chor, Solo und Orchester nehmen an der Ausführung dieser Fuge Theil, die immer siegreicher in breiteren Schwingen bis zum Triumph (bei der thematischen Umkehrung S. 90 f.) — „Daß Du so wohl an mir gethan", — sich steigert. Sie mündet in ein Andante maestoso, dessen Instrumentalbässe das Thema nochmals in verbreiterter Form, in höchster Kraft und strahlendstem Glanze bringen, um das Werk zu seinem Schluß zu führen. Aus dem Orchester erklingt nochmals sanft das betende „Schaue doch" und vermischt seine Klänge mit dem letzten, heiligen Gelöbniß gleichenden Jubelruf des Chors, Solo's und Orchesters mit Posaunen und Pauken: „Ich will dem Herrn singen, daß er so wohl an mir gethan." —

Der 137. Psalm*) — die Wehklage der nach Babel entführten Israeliten — verlangte nicht die musikalische Ausbreitung, wie die soeben besprochene Psalmdichtung. Er lautet:

1) An den Wassern zu Babylon saßen wir und weineten, wenn wir an Zion gedachten.
2) Unsere Harfen hingen wir an die Weiden, die darinnen sind.
3) Denn daselbst hießen uns singen, die uns gefangen hielten und in unserem Heulen fröhlich sein: „Des Zions Lieder singet uns doch einst!"
4) Wie sollten wir im fremden Lande das Lied des Herrn singen?
5) Jerusalem! Vergeß ich dein, so werde meiner Rechten vergessen!
6) Jerusalem! meine Zunge verdorre, wenn ich deiner vergesse, Jerusalem!

In seiner periodischen Ausdehnung geht diese Komposition kaum über die Dimension eines jener Lieder Liszt's hinaus, welche, wenn auch nur um ein weniges, aber doch immerhin fühlbar die

* Für eine Singstimme mit [illegible] Begleitung der Violine, Harfe, des Pianoforte und der Orgel (oder des Harmoniums).

Grenzen des Liedes von der Lyrik zur dramatischen Scene oder auch zur dramatischen Situation herüber bewegen, wie z. B. seine „Loreley", „Mignon" u. a. — eine zwischen dem reinen Lied und der dramatischen Scene schwebende Form, die tiefschauenden Dichtungen gerecht zu werden vermag, deren Inhalt der Lyrik zu entfliehen scheint, ohne sich nach Außen zur That zu verdichten, aber nach ihrer Schwelle hindrängt, um wieder in sich selbst zu versinken.

Der musikalische Theil verbindet sich, wie die andern Psalmen Liszt's, auf das innigste mit dem Text. Aus diesem geht auch hier die Form, ihre kompositorische Einheit in den Themen gründend, hervor, doch so, daß das Wort wohl der Träger der Dichtung bleibt, dazwischen aber die Weise die Klage und die Thränen laut werden läßt, die im Leben stumm in der Brust zurückbleiben. Hierdurch entwickelt sich, was als psychologische Scene bezeichnet werden kann und, kaum von einem andern Meister so mit dem Lied verschmolzen, an die dramatische Scene anklingt. Bei diesem Psalm gilt das Gesagte insbesondere von dem Mittelsatz, wo der Frauenchor zur Solostimme hinzutritt und seine Sehnsuchts- und Klagerufe: „Jerusalem! Jerusalem!" mit ihr vereint, um sodann im höchsten Affekt auszurufen: „Vergeß' ich Dein, so werde meiner Rechten vergessen!" ꝛc.

Den anderen Psalmenkompositionen Liszt's verwandt — wie sie, einfachen und durchsichtigen Styls, unmittelbar im Gefühlsausdruck, Eins mit der Dichtung — trägt er dem ohngeachtet ein Etwas in sich, das er nicht mit ihnen theilt und das ihn gewissermaßen allein stellt. Auch dem erklärenden Wort macht er es schwerer als jene. Es mag am Text selbst liegen, der nicht nur Klage, sondern auch zugleich Bild ist. Dem Musiker-Poeten lag es nahe, letzteres mit zu ergreifen und die rauschenden Wasser, die den Winden preisgegebenen Harfen in den Instrumentalpart mit hinein zu ziehen. Liszt aber verschmähte hier jede Tonmalerei und wandte sich ausschließlich dem Gefühlsgehalt zu. Trotzdem aber setzt sich die Musik, so eigenthümlich es ist, in unserer Vorstellung zum Bilde um oder, richtiger gesagt, scheint sie dem Bilde zu entschweben, welches der Text David's in unserer Phantasie erregt oder auch der Pinsel eines Malers in sie hineingetragen hat. Unwillkürlich — auch wenn wir nicht wüßten, daß dem Komponisten von hier aus die erste Anregung zu diesem Psalm wurde, — treten die ergreifenden Judenbilder Bendemann's vor unsere Seele, der allen der trauernde Jeremias, und mischen sich mit den Klängen, die, herzergreifend und erschütternd, gleichsam tönende Farben aus ihnen gesogen haben — Farben, denen die ganze Herbe des Geschicks als lebendige Seele innewohnt. Noch kein Musiker hat je durch Töne die Düsterheit und Trostlosigkeit, die Öde des Schmerzes und dabei die innere verzehrende Glut ausgedrückt, wie wir sie aus diesem Psalm vernehmen. Wenn aber von Bendemann's Bildern gesagt wurde,*) daß sie zu einer Romantik „ohne Kirchlichkeit" gehören, was wohl so viel bedeutet, als „ohne religiöse Stimmung" sein, so läßt sich das von Liszt's Psalm nicht sagen. Die Ausrufe „Jerusalem!" im Mittelsatz sind kirchlich-religiösen Charakters und streifen liturgische Wendungen. Desgleichen der Schluß, dessen trostloses In-sich-versinken einen heiligen Strahl mild über das Schmerzgemälde zurückergießt. Das aber sind Lösungen der Seele, die nur allein der Tonkunst vorbehalten bleiben.

Schon die ersten acht Takte des vorliegenden Psalms, der Orgel und dem Piano unisono übergeben, treten in dem „düster-mystischen Kolorit" auf — wie der Meister selbst es benennt —, welches die Grundstimmungssphäre dieser ganzen Dichtung bildet.

Zugleich enthalten sie die Grundlage der Themen, auf einer Skala aufgebaut, die, wie keine andere, die Düsterheit der Seele und ihr Versunkensein in Schmerz ausspricht. Und in der That keine wie sie, die harmonische Molltonleiter mit übermäßiger Quart**), die, fast ein Fremdling in unserem abendländischen

*) Ludwig Eckardt's Wander-Vorträge.

**) Die Töne der obigen Tonleiter sind

der ungarischen Musik eigen — siehe Franz Liszt's Gesammelte Schriften VI Bd. „Die Zigeuner und ihre Musik in Ungarn" —, bezeichnet sie sich zum Unterschied von der Dur- und Molltonleiter als ungarische Tonleiter

Tonsystem, sich nichts desto weniger in der Kunst selbst einen Platz, wie auch hier, errungen hat, kennzeichnet sich so als eine Skala der Herzensnacht und der Trostlosigkeit.

Nach einigen Tonreihen tritt die Harfe mit einfach gebrochenen Akkorden in der Tenorlage ein. Tiefe Orgelklänge mischen sich mit ihnen. Die Violine tritt ebenfalls mit den Anfangsthemen hinzu und löst die starre Rinde des Herzens in Thränen.

Diese innere Bewegung nimmt die Singstimme der Violine ab, indem sie ihre Klage in Worte umsetzt.

Harfe

Piano

Orgel

Während die Harfenbegleitung fortgeht, erklingt im leisesten Ton der Orgel und des Piano unisono das erste Thema des Anfangs, die Singstimme, in unisono mit Violine, giebt dem durch die Seele ziehenden Gedanken wieder das Wort, „und weineten", — „und weineten" ertönt es nochmals in gleicher Weise auf höheren Tonstufen, worauf der Vers, die innere Erregung zur Ruhe bringend, sich fortsetzt „als wir an Zion gedachten".

Als trage das Wort „Zion" eine religiöse Kraft in sich, wendet sich diese Schlußstrophe von dem düsteren C-Ungarisch („und weineten") nach dem feierlichen Des-dur, um auf den Tönen seiner Skala mit den letzteren Worten in die tieferen Brusttöne hinabzudringen. Ernst und ruhig steigt die Harfe in breiteren Harpeggien auf und ab.

Aber die Herbe des Gefühls — Vers 3 „Denn daselbst hießen uns singen, die uns gefangen hielten, und in unserem Heulen fröhlich sein" — hat für den Wohlklang der Seele keinen Raum, immer erregter, immer herber werden die den Gesang begleitenden, mit der übermäßigen Quint gemischten Dreiklangs-Passagen, die auf einem Orgelpunkt (Des-Cis D) zur Höhe schwellen. Die Spitze bildet die in nackter Bitterkeit erklingende Phrase: „Des Zions Lieder singet uns doch eins!", die, eine Terz tiefer wiederholt

(Part., S. 10.)

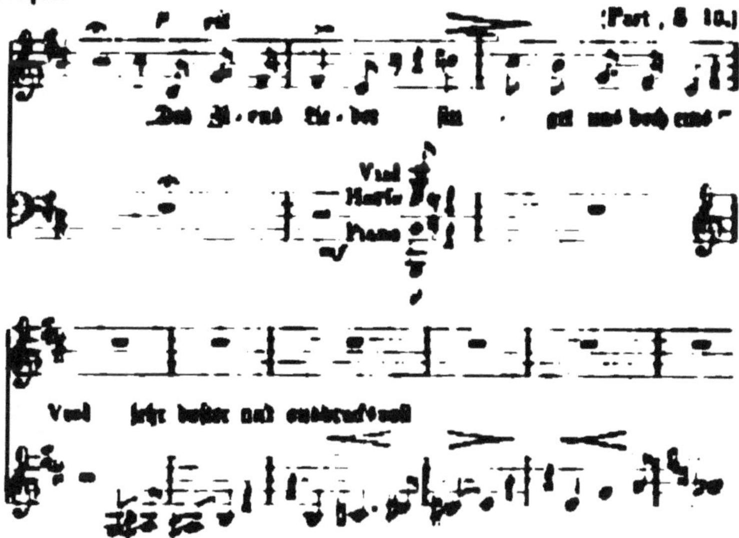

in die Düsterheit des Gemüthes zurückführt

„Wie sollten wir im fremden Lande das Lied des Herrn singen!" führt der Gesang schmerzgetrübt und innerlich erschüttert (Piano) fort, wobei die Violine — wie schon vorher — in kleinen Zwischenphrasen den inneren Vorgängen, die zum Werke sich verdichten, ihre Stimme leiht

(Part., S. 14)

Bis zum ekstatischen Jubelklang steigert sich dieser Ausruf, in welchen — Tempo maestoso — der Frauenchor einstimmt, umrauscht von den wie auf breiten Fittichen ihn tragenden Harfenklängen, welchen die Orgel die innere Resonanz giebt

(Part., S. 15)

Die sich von da mächtig ausbreitende Steigerung, basiert auf reinen Dreiklängen (C-a-F-B-g-Es), mündet in dem das Strafgericht Gottes anrufenden Schwur „Vergesse ich Dein, so werde meiner Rechten vergessen!" — Die letzteren Worte ohne Begleitung, nur von der Solostimme gesungen.

worauf jene — allmählich oben und unten von melodischen an die Hauptthemen gemahnenden Bässen und der Violinstimme, in ihrer Mitte Harfe und Klavier, umwogt —, dann der Chor und endlich die Solostimme wieder eintritt. Die Ausrufungen „Jerusalem!" enden mit der Fortsetzung des Schwurs.

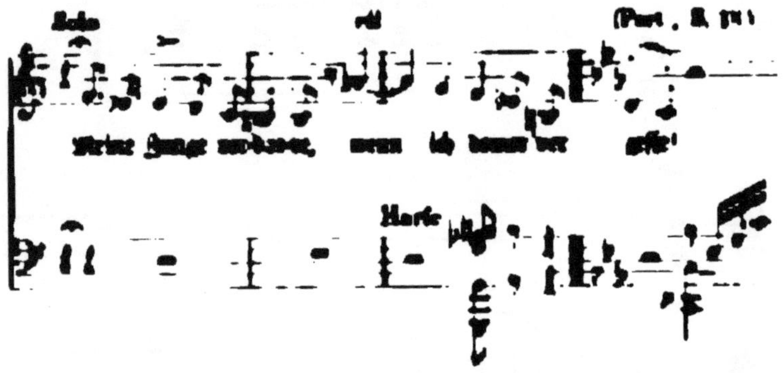

Während die erste Hälfte mit der Chorpartie voll dramatischer Spannung ist, gewinnt bei der zweiten das lyrische Element das Übergewicht. Die Spannung hört auf und die Stimmung sinkt — bei der letzten Strophe — wieder in dumpfes Brüten zurück. Die erste Tonart — C-Moll — tritt wieder mit der wenig veränderten Einleitung des Psalms ein, bei welcher die Violine die Trägerin der Themen ist. Das Gemüth aber, welches seinen Aufschwung genommen, hatte nur für eines noch Raum: für „Jerusalem!" —: die düsteren Klänge weichen dem lichten Dur. Weich und mild, vom Harfenton umspielt, die ganze Begleitung in den höheren Tonlagen, erklingen die Jerusalem-Rufe von Solo und Chor und schließen in Verklärung des Schmerzes.

Nur noch ein Psalm von Liszt liegt uns vor: der 129. Psalm (Vulg.) „De profundis clamavi" für eine Baß- oder Altstimme und Piano- oder Orgelbegleitung.

1) Aus der Tiefe rufe ich, o Herr, zu Dir
2) Erhöre meine Stimme! Laß Deine Ohren auf die Stimme meines Flehens merken
3) Wenn Du willst der Sünden gedenken, Herr, wer wird bestehen? —
4) Doch bei Dir ist die Vergebung und wegen Deines Gesetzes harre ich auf Dich, o Herr
5) Meine Seele verläßt sich auf sein Wort. Meine Seele hoffet und harret
6) Von der Morgenwache bis zur Nachtwache soll Israel auf den Herrn hoffen.
7) Denn bei dem Herrn ist Barmherzigkeit und überschwengliche Erlösung
8) Und Er wird Israel erlösen von allen seinen Sünden

Ein Bruchstück des noch nicht erschienenen Oratoriums „Stanislaus", übergab der Meister schon jetzt diesen Psalm der Öffentlichkeit. Nur aus wenigen Noten, aus einfachen diatonisch sich bewegenden Tonlinien einfachsten Gepräges bestehend, ruft er unwillkürlich seinen erst besprochenen Psalm — den 13 — mit seinen ebenfalls so einfachen Linien in unsere Vorstellung zurück. Dieser entstammt dem Anfang blühendster Manneskraft, jener gehört dem Lebensalter an, welches die Resultate der Erfahrung in ihrem geläuterten Wesen in schmucklosester Unmittelbarkeit, gleichsam das Wesen selbst, zum Ausdruck bringt: der Periode des Greises. Dort treten die Linien im vollen Farbenschmuck des Lebens, des Orchesters, auf, hier begleitet von nur wenigen in der unteren Mittellage sich haltenden Akkorden eines Instrumentes — aber um so mehr sagen diese wenigen Töne. Hier läßt sich nicht mehr von einer Tondichtung sprechen, im gleichen Sinne wie bei seinen andern Psalmen; aber von einer Sprache tiefsten Erlebthabens, die in unmittelbarer Naturwahrheit dem menschlichen Gefühl als Ausdrucksorgan dient. Von diesem Gesichtspunkt aus gehört dieser Psalm vielleicht zu den höchsten Gebetspsalmen der Tonkunst.

Schon der Anfang, die Orgelbegleitung, das tiefe Aufstöhnen eines in Zerknirschung erschütterten Gemütes, ist in seiner Wahrheit von unbeschreiblicher Wirkung, ein unicum in unserer Kunst.

Langsam MM ♩ = 60.

Dieser Aufschrei und Anruf Gottes wiederholt sich — die Melodie drängender und Des-dur vorbereitend — einen halben Ton höher, worauf der Text, nur von zwei zu zwei Takten von einem Akkord getragen, unruhig fliehend, sich fortsetzt. Die Textverse sind nach ihrem Inhalt durch mehrtaktige Zwischenphrasen der Orgel getrennt. Diese letzteren stehen zum Gesang in derselben Beziehung, wie die Instrumentalpartien des 137. Psalms zum vokalen Theil. Sie sind das unausgesprochene Wort der Seele, wie z. B. folgende Phrase, in welcher das Flehen (2. Vers) im Herzen verklingt, ehe der 3. Vers beginnt:

Der 3. Vers — „Wenn Du willst der Sünden gedenken" — ist ohne alle Begleitung. Nur bei dem Wort „Sünden" erklingt der Schauer, der über die Seele jagt, im folgenden Akkord

Einzelne Töne der Orgel, innere Seufzer, führen über zum Mittelsatz, der bewegter — ein Andante — wie verschwebende Abendglut, Trost im Ausblick bringt.

Zwischen Cis moll und Cis dur schwebend, gestaltet sich der Psalmengesang immer inniger, göttlichen Vertrauens voll, die Begleitung Frieden atmend:

* Die Auflösung der Dissonanz cis nach d — ein mal acht Takte vorher als [illegible] — vollzieht sich im achten Takt später durch die Sing[illegible]

Diese Stimmung festhaltend führt ein achttaktiger Zwischensatz der Orgel zum Schluß, welcher in fester Zuversicht auf die göttliche Erlösung das Bußgebet beendet.

Unsere Wanderung durch die musikalischen Psalmen ist beendigt. Jahrhunderte mit ihrer Geistesrichtung und ihrem religiösen Bedürfnis, mit ihrer Kunstentwicklung und ihrem Schaffen zogen an uns im Psalmenwerk der Tonkunst vorbei. Geschichtlich stellt es eine Vertiefung und Verinnerlichung der hebräischen Gottespoesie im christlichen Gottgefühl dar — eine neutestamentliche Wiedergeburt in Tönen. Jedes Jahrhundert, seitdem die [illegible] Kunst geworden, führt den Psalm in anderer Gestalt, in anderem Ausdruck uns vor: in der Strenge der Dogmatik und Exegese (Bach und Händel), im Lichte humanistischer Empfindung und poetischem Anschauens (Mendelssohn), als religiöse Dichtung und Gebet (Liszt). Keine dieser verschiedenen Erscheinungsformen verleugnet ihre Stellung zur Geschichte der Kunst und der Zeiten. Trotz des jeder von dem jeweiligen Stand der geschichtlichen Entwicklung Versagten trägt doch jede derselben mit dem unvergänglichen Anrecht echt religiösen Gefühls, offenbare sich dieses als Kraft der Strenge, der Güte oder der hingebenden Liebe, auch das Anrecht auf Unvergänglichkeit in sich. Zusammengefaßt bilden sie einen Höhenzug, der sich mehr und mehr zum innigeren Wesen der ursprünglichen Dichtung als religiöser Dichtung, als einer Sprache des unmittelbaren Verkehrs mit Gott, als eines unmittelbaren Ergusses des in seinen innersten Tiefen erregten Gemüthes, dessen heiße Wellen in die Worte hinein fluthen, hinbewegt. Dabei aber bringt er das, was in ihr noch nicht in dem heiligen Feuer einer allumfassenden Liebe geschmolzen ist, durch die Innigkeit und Inbrunst des christlich-religiösen Gefühls zum Fluß.

Unter den bisherigen Psalmenkomponisten steht Liszt dem Urbild aller Psalmendichtung, dem Psalme David's, am nächsten. Bei ihm dichtet sich die Musik zum Psalm.

Vom rein-musikalischen Standpunkt aus betrachtet, setzen seine Psalmen das große Psalmenwerk der Zeiten fort. Mit ihnen stellt er sich — wie überhaupt als Kirchenkomponist — in die Reihe der Großen und Neuerer, bei denen es sich nicht um das Mehr und Weniger innerhalb des Ebenso handelt, sondern um das Anderssein. Im Ringe des Werdens und Gewordenen schließt jedes Mehr auch zugleich ein Weniger in sich. Das verlangt so das Gesetz der geschichtlichen, um nicht zu sagen der göttlichen Ordnung und Gerechtigkeit. Jeder Schritt vorwärts gewinnt und büßt ein, jeder setzt den Fuß auf eine neue Scholle, um eine frühere zu lassen. Das Errungene aber bleibt als Typus eines Fortschrittes, einer Zeit, eines Individuums — es bleibt als Kunstwerk und als Kunstmittel. Hält man hierbei den Gedanken fest, daß die folgende Zeit mit dem Gewonnenen weiter arbeitet, um mit ihm abermals Neues zu erringen, so ist es nicht weit zu dem Schluß, daß das Lebensfähige sich fort- und umsetzt, je nachdem der individuelle Impuls einer Zeit, der im Werke sich verkörpert, es gebietet. Die Bedürfnisse der Zeiten sind verschieden; ebenso der Zweck dieser Bedürfnisse, beide aber wiederholen sich im praktischen Leben der Menschen aller Zeiten. Das „De profundis clamavi" z. B. besitzen wir von den Meistern verschiedener Jahrhunderte. Alle sind gleich Ausfluß des Genius, alle sind heute gültig, wie sie es morgen sein werden. Während Liszt an die innere Andacht im stillen Kämmerlein gemahnt, Mozart uns inmitten des Kultus der Kirche versetzt, sind wir mit Bach im Kirchenkonzert, mit ernstem Gemüth dem kunstvollen Stimmengeflecht der Töne folgend.

Wäre es darum vermessen, ja ein völliges Verkennen des Gesetzes der Fortentwicklung der Kunst, die Werke Franz Liszt's an absolutem Werth über alle anderen stellen zu wollen, so wäre es — womit diese Psalmenbetrachtung sich ihrem Abschluß zuwendet, indem sie die gegenwärtige Frage der Kirchenmusik, deren Gebiet sie zufällt, berührt — nicht minder vermessen und ein eben solches Verkennen, wollte man von einem früheren Meister allein das zukünftige Heil der kirchlichen Tonkunst erwarten, wie es in jüngster Zeit, angeregt durch das Doppel-Jubiläum der ehrwürdigen Meister Bach und Händel, mehrfach ausgesprochen worden ist. Jede Zeit hat ihr Recht — schützen wir ihr das! Lebende schmähen, um Todte zu ehren, Gegenwärtiges zurücksetzen, um Früheres zu huldigen, und umgekehrt, ist gleich verfehlt. Die Gefühle, den Geist des neunzehnten Jahrhunderts in den Formen des siebzehnten oder achtzehnten Jahrhunderts ausdrücken zu wollen, wäre ein Anachronismus. Von diesem kann und wird das Heil der Kirchenmusik eben so wenig kommen, als eine religiöse und kirchliche Erneuerung aus einer ausschließlichen Übertragung der Bibelsprache des sechzehnten Jahrhunderts auf unsere heutigen Kanzeln hervorgehen kann und wird.

Wir brauchen eine Erneuerung der kirchlichen Tonkunst, die mit unserem Dasein sich verflicht. So sehr die Richtung unserer Zeit aller Entkirchlichung, aller Auflösung und Zersetzung des religiösen Lebens sich hinzuwenden scheint, so lechzt sie doch in ihren Tiefen nach dem festen Halt, der ihr zu entschwinden droht, nach dem Inhalt, dem sie sich entfremdet. Der Mensch kann des Göttlichen nicht entrathen — und nie des Kultus. Wie tief das religiöse Bedürfniß ist, davon zeugt keine Kunst mehr als die Musik. Steht auch Liszt der Kirchenkomponist als eine vereinzelte Erscheinung in unserer Zeit, ja in unserem Jahrhundert, so steht diese Erscheinung doch da und leiht den tiefsten und ewigen Bedürfnissen des Menschenherzens einen beredten Ausdruck in einer Sprache des neunzehnten Jahrhunderts, inmitten einer Zeit, in welcher die kirchliche Kunst verstummt scheint. — Und tritt uns bei einem Blick auf die Bühne hier vielleicht auch eine Verirrung entgegen, so ist es doch mehr als eine Modesache oder als der Wildgeschmack der Übersättigung, wenn sie biblische und religiöse Stoffe zu sich hinüberzieht und durch sie wirkt. Wird auch niemals von hier aus, wie wunderfromme Schwärmer wähnen, eine Reform über das gesammte Dasein und seine Formen sich breiten, so ist jene Erscheinung doch ein Zeuge und eine Ahnung dessen, was als Bedürfniß und Sehnen, trotz alles gegensätzlichen Scheines, in den Gemüthern lebe.

Eine Erneuerung der Kirchenmusik wird unzertrennlich sein von einer Erneuerung des religiösen Lebens in einer Form, die dem geistigen Fortschritt und dem bewußten Gemüth gerecht wird, mit einem Kultus, welcher ohne christlich-konfessionellen Unterschied die religiösen Werke der Tonkunst zum Bestandtheil der kirchlichen Feier macht. Wenn der Bann gelöst sein wird, welcher protestantischerseits über die höheren Formen der kirchlichen Tonkunst durch ihre Isolirung vom Kultus verhängt wurde, wenn sie in lebendige Wechselwirkung mit dem allgemeinen religiösen Leben treten kann und ihre Entwickelung nicht mehr ausschließlich dem religiösen Bedürfnis der Komponisten anheimgegeben wird, dann wird weder der göttliche Stifter unserer Religion, noch irgend ein heiliges Sakrament eine musikalische Zuflucht auf der Bühne suchen dürfen, die Veräußerlichung des Geheiligten wird der Verinnerlichung den Platz überlassen müssen, dann werden alle Meister von Palestrina und Bach an bis zu Liszt herauf und über Liszt hinaus ihre Wirkungsstätte finden, man wird das Heil nicht in einem Meister, nicht in der Errungenschaft einer Epoche, sondern in den Errungenschaften der Zeiten besitzen. Wer könnte unter solchen Voraussetzungen an einer erneuten Blüthe der kirchlichen Tonkunst zweifeln! — —

Dem Mund eines Gewaltigen unserer Zeit entfiel jüngst das Wort von einem „Völkerfrühling“. Möge er erstehen! Wie aber auch ein solcher sich gestalte, er wird nur möglich sein, wenn er ebenso, wie der Neugestaltung äußerer Lebensgrundlagen, dem Leben der religiösen Ideale und ihren Ausdrucksformen erblühe. Das Ziel der Kirchenmusik wird dann kaum mehr eine Frage sein.